善知識 11

行禪師

hat Hanh◎著

胡因夢◎譯

你可以不怕死

NO DEATH, NO FEAR

Comforting Wisdom for Life

目錄

〔推薦序〕

生死無懼

陳琴富

　　生命中有許多的不確定，唯一能確定的就是死亡。肉身壞死以後到哪裡去無從知曉，到那時每個人都要放棄他曾經擁有的一切。也因此，人們害怕死亡的到來，對死亡以後的世界充滿著恐懼。儒家以「未知生，焉知死」一語避開死亡的未知世界；道家則以修真練氣，求長生不老來延長死亡的到來；佛家則是以了生脫死，平常心面對死亡。然而，生與死的真相究竟是什麼？

生與死的真相究竟是什麼？

　　「生與死是出家人首要解決的重大問題。一般人怕死卻不知道死亡的真相，以為死是從一處把生命切斷，因此認為生是從無到有，死是從有又歸於無。」一九九五年春天，一行禪師在中壢的寶蓮寺主持禪七，最後一天的開示中，他為大眾講說生死的奧祕。

　　他手中拿著一張白紙，接著說：「深觀這張紙，它是如何

誕生的？一般人以為它是在造紙工廠製成的那一天才開始存在的。其實在它被製成紙之前早已經以不同的形式存在了。深觀之下你會看到一棵樹，沒有樹就沒有這張紙，樹要陽光、雲雨的滋潤，深觀之下，在這張紙中你也可以看到陽光雲雨的風采，紙何嘗不是以陽光雲雨的形式存在呢？」

「噹！」一聲大磬聲，這是一行禪師在開示過程中提醒大眾「正觀當下」的醒鐘。寧靜了片刻，一行禪師手中點燃了這張紙放在盤中，紙慢慢地燃燒，一團火焰之後，化為一縷黑煙，盤中的紙也燒成灰燼。

「我們會認為它已經死了，已經不存在了，從『有』復歸於『無』，但透過深觀，你發現事實並非如此。焚燒的時候，你看到煙霧，紙已經透過煙霧飛升變成白雲，當白雲在天上對你微笑的時候，你是否看到紙在對你微笑呢？白雲可以說是這張紙的重生。」

「紙在焚燒的過程中也散發出熱能，熱能充斥在空間之中，有些熱能照到我身上，被我吸收，雖然你看不到，但你知道我身中充滿著熱能。還有燒成的灰燼，把它丟到大地上，它成為養分再去滋潤樹木。樹木有一天再度成為一張紙，誰知道呢？所以灰燼又以紙的形式重生。」

「透過深觀你會發覺，沒有一個東西被生出來，它只是以不同的形式轉化；透過深觀你也了解到，沒有一個東西會死掉，它只是轉化成不同的形式而存在。透視它的本質，你就不會害怕死亡。」

　　「噹！」大磬再響一聲。此時，禪堂外下著傾盆大雨，雨水潑灑在屋頂上，聲勢如千軍萬馬奔騰，一行禪師端坐堂上，面帶微笑靜靜聽著雨聲。大眾也跟隨閉目端坐，三十分鐘後雨勢稍歇。堂上幾隻燕子高聲呢喃，清脆的叫聲亮徹了安靜的禪堂。這一切似乎已經讓人體現了生死無懼的洗禮。

　　「屋頂上的雨聲正是白雲的歌唱，你是否聽到它充滿喜樂的歌聲呢？白雲化成雨的時候並不會哀傷哭泣，當它在天上自由自在飛翔時，它知道有一天會化成雨降臨大地，雨會滋潤一切的樹木、禾苗，讓大地展現生機，它是多麼的喜樂啊！」

　　「生命本來沒有生滅，佛陀告訴了我們這個真相，這就是不生不滅的道理。如果我們忙於俗務，不去深觀生命的本質，就浪費了佛陀遺留下來最珍貴的寶藏，這樣就枉生為一個人呀。」

　　緊接著，一行禪師講說給孤獨長者臨終時，舍利弗尊者為他開示四大五蘊非我的道理，給孤獨長者終於面帶微笑平靜地離開人世。「快樂地活著，安詳地離去，是每個人都可以做到的。」

生命只在當下，當下即證涅槃

　　親聆一行禪師的教法，在他簡單的譬喻中，很容易就體會到生命本來無生、本來無滅的道理。他平和慈悲的聲調中，也可以立即讓我們念住當下，心中自然升起寧靜祥和。看他緩慢

的動作、自在的微笑，你也可以體悟生命只在當下、當下即可證涅槃的事實。

　　在聆聽一行禪師的法教以前，對生命只如一般人所認知，以為有生有死，生固可喜，死亦可悲。雖然《心經》上說「不生不滅、不垢不淨、不增不減」，「心無罣礙，無罣礙故，無有恐怖，遠離顛倒夢想，究竟涅槃。」但只限於經典言說，在理論上理解。在現實生活上，不僅不知道如何面對親人的故去，也不敢想像自己有一天也要走向死亡之路。經過一行禪師的導引，對於經典上的言說才算是真正的心開意解，能夠在日常生活中實踐。

　　佛陀的教示在他的解說下，變得平易近人，簡單而可行，不是那麼遙不可及甚至要經過三大阿僧祇劫的事。一行禪師的禪法很簡單，從觀呼吸入手，讓我們身心一如，不至於身心分離。其次則是透過「四念處」，正觀當下的身心狀況，讓自己能確實地活在當下，這樣就能在當下自在、體證涅槃的法味。

　　一九九五年以後，雖然他幾度到日本、中國大陸弘法，但一行禪師就沒有機緣再到台灣來，不過很慶幸的，他的著作也一本一本的被翻譯出來。在人們求法若渴而卻宗教亂象叢生的台灣社會，一行禪師的教法能夠讓一般人具足正知見，並在日常生活中活用，不致於誤信旁門左道或是在心外求法。

認清災難不是偶然

　　《你可以不怕死》這本書一如他所有的著作一樣，在簡單平實的言語中闡釋了佛陀的教示，對於生與死的真相做了透徹的說明，既能讓人一看就了知，也能立即在生活中受用。不但可以面對自己的死生大事，同時也知道如何幫助臨終的親人平靜地度過此一轉生的歷程。

　　本書中文版即將付梓之際，正逢嚴重急性呼吸道症候群（SARS）病毒在台擴散蔓延，病例上百起，死亡亦超過十數人。這可以說是九二一大地震以來，台灣再度遭受的重大災難。從佛理中我們了解這種災難不是偶然的，只能坦然面對。逢此巨變人們恐懼卻又無所遁逃，讓我們深刻體會生命無常、死亡無期的事實。過程中我們看到人性自私軟弱的一面，也看到人性高貴無私的一面。然而，當我們體會生命本是不生不滅，我們自然生死無懼，以慈悲與智慧去面對一切世情。

　　願所有在災難中受苦的人及早走過傷痛、遠離悲苦；有緣見到本書的人能了悟生死、得到受用。

　　　　（本文作者為《中時晚報》執行副總編輯，譯有《西藏慾經》等書）

〔導讀〕

扒開細縫，一瞥生命的無窮

余德慧

　　所有的修行人，無論是明顯的宗門教徒或無宗門的虔信者，都面臨著「視域擴展」的難題：這個鎮日跟著我、使我成為「此在」的我的「思索者」如何突破自身，將視域擴及宇宙，使個體的狹隘知見轉化到非片面的圓融意識？人類的「心智自我」（mental ego）愈發達，愈對視域的擴大有了野心，但光憑著心智自我的官能就想突破個體的片面性，其實甚難。

我們是否能夠超越有限的生命？

　　人類的高級智能之所以追求科學，並不必然是為了高科技所帶來的文明幸福，而是連帶著人類對宇宙意識的追求，希望我們所理解的視域不再僅僅限於肉身官能、可見的存在以及有限的生命。但是，我們能否能夠如愛因斯坦等科學家照見的廣袤視域？或者這麼問：如果我們不具備高級科學的思維，做為一個自然人，是否也可以抵達愛因斯坦的廣袤視域？

　　這個問題早在三千年前就在人類的宗教意識裡萌芽，並且

在許多宗教的創始者那裡獲得初步／終極的方向，他們為了提高超越性的覺識，而開啓了對「心智自我」的攻擊（例如，對「我執」的無情攻擊），他們或者發現人類心智自我的片面性，或者在不尋常的狀態之下，瞥見無垠的宇宙視域所開展的景象，他們將之稱為「涅槃」、「梵天」或「上帝的臨現」，但這一瞥，事關重大，必須動員最高的智慧（例如，那被稱為「般若」的東西）才得以一窺，但卻不見得獲得究竟。

修行人為何能認識修行之必要？

人類究竟有沒有必要去獲得這類超越心智自我意識的廣袤視域？許多俗世的觀點都認為這種費心只是不切實際的狂想，人的實存就是一切可以讓心智覺得與真實勾連的事物，而不必是終極的實相（ultimate reality）。於是，人類只要守著他的個體興趣，以他個體有限意識來掌控一切，以便讓自我實相以非常確實的方式加以把握，就如同希臘古哲赫拉克利特（Heraclitus）的名言：「人的習性就是他的神靈。」亦即，人們以自己的興趣做為自身負責的守護者，但這從希臘所發出的「以人為尺度」的呼聲，恰好是人類自我智能發軔的文明起點；希臘文明如此，埃及文明如此，中華文明亦復如此。

然而，在印度文明的佛陀及其弟子則保持對「自我心智」的不信任。他們一直抗拒「心智自我」所形成的實在，並以堅決的態度將之視為虛幻以及痛苦的根源。也許這個態度來得太

決斷，缺乏中間的過程，使得這個論斷遭受俗世的忽視與詆毀；而人類不斷透過「自我心智」的俗世經營，已經能夠將廣袤意識的必要性加以遮斷──生命可以用各種醫藥科技加以維護，死亡被隱藏在看不見的蔽處。人類的目光已經脫離宗教聖者所凝視的遙遠星光，即使他們勉力經營著宗教業，也只是謹守著一種眼前可見的興趣（即使像「愛」或「慈悲」這些「道說」）所做的自我觀照，對於何謂「解脫」則甚為迷惑。

鋪陳這段人心發展的背景，其實也在於試圖讀懂修行人何以能夠認識到修行的必要，而且是一般常人無法理解的。一行禪師是落髮的修行人，在他的修行觀裡，那個廣袤的視域獲得相當具有詩意的比喻：例如，他教導人們如何從雲、雨與河的形相轉換的觀照裡，發現本質不變的存在。他更透過這本質不變的論述，說明「存在與不存在」的對立問題本身不是問題，真正的問題在於我們不識「實相」。他所指的「實相」當然是廣袤意識的終極實相，而非自我心智所勾連的世間實相。

深觀，讓生命「顯露本身」

畢竟，一般人①識不識終極實相，在俗世的有限生活裡終究無關乎生命之緊要，可以漠然待之。可是，當一般人面臨死亡自身、個體的毀敗和生命的消亡；突然之間，所有當初人們願意以自我興趣為底線的生活基礎就此崩頹，在臨終所見實相就接近佛家所謂的「無常」。一行禪師對「無常」與「無我」

的立足點全都移到廣袤意識底下，他明白地反對俗世所喟歎的
「無常」，認為那種概念式的「無常」或「無我」，往往只是一
種心智守常的偽稱，而非廣袤意識的「永常」。

　　宗教修行的理解，首在於建立一套全然他類（the wholly
other）的「觀照系統」，而觀照系統又需以「事物如何顯現其
自身」為起點；也就是說，追問生命如何顯露（或示現）、生
命的來龍去脈當為如何，關係到整個宗教觀照系統的形成。一
行禪師繼承佛家的基本假設，認為如何能讓生命「顯露本
身」，才是觀看生命真實與否的關鍵，如何決定何者為生命實
相，才是關鍵之所在。

　　首先，一行禪師根據佛法，指明各種生命體的真實感覺，
或者任何事件的出現與不出現，都與「示現的因緣條件」是否
具足有關。如果因緣條件具足，那麼事物就顯露或示現；然
而，因緣具足的條件不是來自某個單一層次，而是多層次的。
例如，一棵樹可以從種樹的人（近緣）到樹木的成長條件（土
壤、地形、水分等），乃至所有大自然宇宙的參與（地球生命
的形成條件），這種森羅萬象的相互因緣結合成世界萬物各種
生滅的網結，而不僅僅是用淺短的「人的尺度」（人文智慧）
來衡量。

不是「有常」、「有我」，亦非「無常」、「無我」

　　一行禪師準確地處理了生命「示現」的基本問題，又繼續

進一步處理他的「處理」。他將生命的「事實性示現」視為存在的遮蔽，亦即，「事實性的示現」在本質上是「無常」、「無我」，而我們卻將之視為「有常」、「有我」，亦即意味著我們對事實性的觀看只是對存有的遮蔽，雖然「事實性的生滅」破壞我們錯誤的觀看（有常、有我），此生命之生滅亦不是無常，反而是有個恆常的存在，這存在於我們的宇宙，只是我們不能認識罷了。因此，有常、有我雖屬錯誤觀看，無常、無我亦屬錯誤觀看，因之，一行禪師直接跳到宇宙意識的基礎地，去談「宇宙本體的觀照」。

以宇宙的本體不滅為基礎，一行禪師使用了雨、雲與河等相變而本體不變的明喻來昭示這種「無蔽」。然而，一行禪師必須陷入「無蔽」無法以言語道出的窘境——因為所有的「無蔽」都無法「普遍地顯現」，所有的顯現都必須依靠具體的實事與其相應的顯現方式來展現，並不存在著「普遍地顯現」②；如果宗教者要從「無蔽」來表明其內容，立即碰到「實有空相」的情況，不但產生「虛空」的無可描繪，其實也是所有宗教的語言盡頭。

因此，一行禪師面臨的問題不在於實相的隱蔽（一般人的自蔽），反而是實相的「空」而無法顯現。

深觀，發現萬事萬物之間互相締結

於是，一行禪師的方式是採取相反的動作，將實相的「空」

以「有蔽」的實例來顯露，不是以「空」說「空」（如日本京都學派），而是以珍愛的心情爲自我做多重宇宙空間的擴展，這與傳統教門對身體、自我的鄙棄、拋棄（苦行）剛好反其道而行。避開空泛的說教是對的，因爲傳統教門能夠使用的顯露方式相當有限，恐怕只有直落實相的癌末病人才稍能體會。一行禪師將現象自我透過本質的把握，將祖先與後代的因與果集中到現象自我：「我即祖先與後代」，將自我展露爲「宇宙長河式的綜觀」，讓人們了解因陀羅網的奧祕。

活著的因陀羅網是進入深觀，透過深觀的訣竅發現萬物萬事之間相互締結，其默想是以「觸摸大地，我與眼前這一刻在世上的眾生相連」。進入廣袤意識，亦即進入眾生相互締結的網絡，我是更寬廣的存有，因之我不是眼前的現象的色身。但是由於每個實事的存在，都在某一定的境域來決定其顯現的方式，所以實事的存在往往會被鎖在某個較窄的框視裡。一行禪師因此必須將窄化的意識框視放小腳，他的深觀也就充滿了非觀念的邏輯──我既是A也是非A，我既是生也是死，亦即原本被視爲是「二律背反」的邏輯都加以違犯，這個我既是「生活在貧病交加國度裡的小孩」、也是「製造炸彈售給那貧困國家的軍火商」，既是「池塘的青蛙」、也是「靠青蛙爲生的蛇」，我既是祖先也是子孫。

如何透過修行解除死亡焦慮？

　　如果這樣的觀照系統沒有問題，一行禪師還是得面對實際修行的問題，那就是：這樣的觀照如何在具體經驗獲得飽滿？這套觀照會不會流於空疏？這套觀照會不會只是想像的訓練，以致在實際生活無法超越？

　　觀照系統的產生猶如建造警鐘，用以喚醒表淺的沉淪狀態，但是我們需要有契入（Kairos）的第一開端；而就生死來說，那就是海德格（Martin Heidegger）所謂的「畏」，「畏」並非指個人的情緒，而是心智自我對自己死亡的不確定產生的氛圍，這氛圍來自心智自我的不再被自己信任，對自己在世的依賴失去安心的倚靠。對死亡的畏懼使我們不斷以遮蔽的方式逃離「畏」的氛圍，使得「畏」本身無法變成生命的基本情調。

　　一行禪師顯然對這條進路不感興趣，相反地，他認為對死亡的畏懼或焦慮可以透過深觀加以解除，將廣袤意識裡的指引關係明晰地了覺，追索那被隱蔽的實相。我不得不承認，這是極端困難的工作，個體的興趣如同不死的火焰，任何清明的覺照都可能只是暫時的。更糟地，很可能流於「解釋」而非活著的生活意識，無法使深觀成就契入之眼。其間的中間過程需要有讓個體自我封存的興趣出現裂口，使得我們的自我意識本身獲得敞開的機會，接觸開放的境域；這又涉及「漸露」的修行技術，亦即我們如何透過修行，將自我片面封存的世界扒開細

縫，讓我們在一瞥之間看見開放境域。我想，這可能是一行禪
師未來的努力。

（本文作者為東華大學諮商與輔導學系教授，著有《生死學十四講》等書）

---

①「一般人」指的是海德格所謂的「常人」，亦即投身於世間即沈淪其間，對世間滋味充滿
　「活著的感覺」，對死亡感到懼怖。修行人則反是，對世間的沈淪性產生覺察，並持續這覺
　察，使自己對死亡完全能夠悅然接受，不引以為苦痛。
②見克勞斯・黑爾德（Klaus Held）《世界現象學》第52頁。

〔譯者序〕

每一步都像是踏在佛的淨土上

胡因夢

　　多年來我譯介的靈修體系，大多偏重於「理入」的形式。無論是克里希那穆提（J. Krishnamurti）、肯恩‧威爾伯（Ken Wilber）、佩瑪‧丘卓（Pema Chödrön）或艾茲拉‧貝達（Ezra Bayda），都是擅長於邏輯推演，有能力對身心動力過程作精密描繪的精神導師。長期浸潤於他們的著作中，我已經習慣於複雜而綿密的分析思維，此回翻譯一行禪師如散文詩一般的佛教哲學，內心早就準備好面臨一場挑戰，然而過程中所經歷的能量消耗，卻出乎意料之外的大。

　　翻譯本書的考量之一是邏輯與意境不易兼顧。多用一兩個連接詞，或許能使上下文的理路更清晰一些，卻往往喪失了原文的詩意；照顧到意境，又恐怕讀者感覺語焉不詳，真正是言簡意賅的文字最難轉譯。

　　考量之二是，我想將本書譯成佛教徒與非佛教徒都能接受的讀物，因此某些傳統佛教名相——譬如「八不」或「五蘊」——必須採用較爲現代化的意譯形式，以呈現出一行禪師接引非佛教徒的跨宗教精神。

　　考量之三是，一行禪師的英文譯者完全有能力傳達出文字話語背後的慈悲氛圍，但身為中譯者的我，並沒有機會親炙禪師身教，因此必須在思索過程中留意心的開放度，以平衡感性與理性的運作。

　　考量之四是，一行禪師所謂的深觀，顯然是他長期與大自然相處的親身體證，或是一種多次元的內在領悟，但是化成語言傳達時，如果譯者本身的證量不到地，深觀就會變成淺嘗。如何拉近禪師之體證與都市叢林中的譯者之理解，也是不小的挑戰啊！

　　深觀、諦聽、觸摸大地、接納自己的血親與精神始祖、體悟眾生相依共榮的親密性，這些都是生生世世的福慧資糧累積到一定程度時，方能真實領會的滋味。讀者在閱讀本書時，務必放慢速度，最好以一行禪師所說的「每一步都像是踏在佛的淨土上」一般的從容心境，細細品嘗話語深處的奇蹟。

　　譯完這本書，我的內心開始生起了五十年來真正想「善待」自己的意願，那股不顧一切行法布施的強迫性驅力，在一行禪師無奇而深邃的洞觀之下，終於消弭耗盡。

　　　　　　　　　　　　　　（本文作者為身、心、靈療癒專家）

〔序〕

穿越死亡的恐懼

普里坦・幸格（Pritam Singh）

　　有一天午餐時，父親對我說：「我最後一次看到我父親，他是在客廳的一個籃子裡。」我們當時在佛羅里達西浮洲一家墨西哥餐館的戶外區用餐。他的視線從眼前盤裡的豆子和米飯轉移到我臉上，然後繼續說道：「我父親是個工人。他是個麵包師傅，平常在菲奇堡里奧明斯特街上的一棟公寓裡上班。」

　　「你的爸爸是怎麼死的？」我問道。

　　「我完全不清楚。」他答道。

　　「別人是怎麼說的？」

　　「沒人提起過這件事，我也從來沒問過。」他又回到了我過於熟悉的那種沉默狀態。

　　我父親向我從未謀面的祖父告別的那棟房子，便座落於西菲奇堡的聖波恩街上，而聖心堂就在不遠的兩條街外。這座教堂是我們全家人的靈修中心，它是讓我們從工廠的艱苦工作、夫妻間的爭執、未付清的帳單以及酒精上癮，暫時脫逃出來的一座避難所。我就是在這間教堂裡受洗的，我的靈性教育也是在這裡養成的。每星期一的下午，在公立學校上完一天的課之

後，我總是心不甘情不願地拖著沉重的步伐，沿著華特街走向這座建築物，然後上兩個小時天主教的問答課程。

我依然記得頭一天我手上拿著新書坐在堂姊派蒂身邊的情景。講台前站著兩位修女，她們要我們打開書本的第一頁，然後要我們背下其中的三個問題和三個答案。「誰創造了我？」「神創造了你。」「神為什麼要創造我？」「為了愛祂和服侍祂。」「死亡來臨時會發生什麼事？」「你將和神永遠住在天堂裡。」對教會的神父而言，這些問答都是無庸質疑的：靈魂是永恆的，我將獲得永生。

有關死亡的觀點難道只有兩種選擇嗎？

星期天我打開《波士頓環球報》，其中的一篇文章突然觸動了我。這篇文章描寫的是一位女性罹患末期癌症的故事。文章一開頭是這麼寫的：「一個年輕的生命被中斷了……亞德麗安娜・珍肯思懷疑神或命運是否存在。」她說：「我們死後只會塵歸塵，土歸土。」不過，她還是經常想像死亡是什麼情況CD痛苦不堪，向上漂浮，看著下方環繞在病床邊的哀悼者，前方有一道光，最後化成了烏有：「就像關上燈一樣。」對於那些把懷疑當成信仰的人而言，這樣的看法早已成為主要的另類選擇。死亡來臨時我們將會立刻化成烏有，從此消失了。

我參加的第一個葬禮是在一九六八年，過世的人是我的外祖父山姆・拉默。自從那次葬禮以後，我至少有兩打以上的機

會站在新挖好的墳邊，滿心的困惑和迷惘，不知該如何看待死亡。我問自己，有關死亡的觀點難道只有兩種選擇嗎？除了對靈魂永生的信仰和虛無論之外，還有沒有其他的觀點呢？

我既懷疑靈魂永生的信仰，又對虛無的觀念感到畏懼，因此我生命的底端始終存在著一種無邊的宇宙雜音，一股陰霾的恐懼感。到底哪一端才是真理，是自我永遠存在，還是一切將化爲烏有？如果真有一個永生的靈魂，那麼我會進入天堂，還是會下地獄？我會永遠感到乏味厭煩，還是會處於至樂中？我會孤獨一人，或者與神同在？

你從未誕生過，也永遠不會滅絕

佛陀在世的時候，許多學者和宗教學家數度向他提及有關永恆與虛無的問題。當佛陀被問到是否有一個永生的靈魂時，他的回答是：永恆的自我是不存在的。當他被問及死亡來臨時我們是否會化爲烏有，他的回答則是：我們的生命是不滅的。這兩種概念他都否決了。

我有一個好友，他是一位著名的海洋生物學者。如同許多人一樣，他也認爲我們死後便從此絕跡了。他的這份信念並不是來自於信仰的喪失或是對生命的絕望，主要是因爲他對科學深信不疑。他信仰的對象是大自然和不斷被揭露的宇宙之美，以及人類對宇宙的認識和理解的能力。

一行禪師也對人類的理解力有一份持續的信念。但是他的

目標比累積科學知識還要究竟得多；他的目標是證悟實相，奠定以個人為本的探索智慧。在這本書中，一行禪師從他自己的體證裡提出了有別於靈魂永生和虛無論的另類哲學。他告訴我們：「從無始以來你早就解脫了，生與死只是一扇我們必須穿越的門，也是我們旅程中的一道神聖的門檻。生與死就像捉迷藏的遊戲一般。你從未誕生過，你永遠也不會滅絕。」來與去的觀念製造了我們最大的痛苦。一遍又一遍地，他邀約我們進行深觀修持，這樣我們才能發現在永恆和虛無的中道裡所埋藏的自由和喜悅。身為一位詩人，他探索生命的悖論，輕柔地掀起幻象的面紗，讓我們在自己的人生中首度有機會認清，我們對死亡的恐懼其實是源自於我們的誤解和錯誤的認知。

他對於生死的洞觀是細膩而優雅的。如同我們對待所有細緻的東西一樣，這本書也應該以安詳的深思來慢慢品嘗。從一行禪師的人道精神和慈悲的心泉中，湧出了深富療癒力的解藥。

第一章
我們來自何處？我們將去往何方？

打從那一刻起，喪母的想法就不再生起了。我只需要看看自己的手掌，感覺一下拂面的輕風以及腳下的大地，便能憶起母親是永遠與我同在的，任何時刻我都能感受到她。

在我法國的隱居處，有一叢山茶花，屬於日本楓梓類植物。它開花的時節通常在春天，某一年的冬季氣候特別和暖，所以花開得早。深夜裡一團冷鋒來襲，還夾帶著霜凍。第二天行禪時，我發現那叢山茶上的幼蕾都死了。看著這幅景象，我心裡想著，「今年我們布置佛壇的花可能不夠了。」

幾星期之後，天氣轉暖了。我在花園裡漫步，看見那叢山茶又生出了新一代的花蕾。我問山茶花：「你們和那些在霜凍裡死亡的花是相同的，還是不同的？」花兒們答道：「我們既不相同，也不相左。條件如果足夠，我們就展露出來，條件不足，我們就藏起來。事情只是這麼簡單。」

當條件充足時，事物自然顯現出來。條件如果不夠，事物就會隱退。它們靜待著適合它們顯現的時刻。

這便是佛陀的教法之一。當條件充足時，事物自然顯現出來。條件如果不夠，事物就會隱退。它們靜待著適合它們顯現的時刻。

在生我之前，母親曾懷過另一個孩子，後來她流產，所以那個人未曾降生。年少時我經常有一個疑問：是哥哥還是我那麼想示現（Manifestation）①於人間？母親失去了一個兒子，這意謂著他示現出來的條件不夠充分，於是他決定隱退，靜待更好的因緣。「我還是退回去吧；最親愛的母親，不久我就會回來了。」我們必須

尊重他或她的意願。能夠以這樣的見地來看待世界，你就不會那麼痛苦了。母親失去的真的是我哥哥嗎？或許當初想出生的是我，不過後來我說，「時候未到」，於是我又縮回去了。

害怕死亡時一切將化為烏有

我們最怕死亡來臨時一切將化為烏有。許多人都相信我們的整個生命只有一世，誕生的那一刻是開始，死亡的那一刻便是結尾了。我們認為自己是無中生有的，而死亡來臨時我們也將化為烏有。因此我們對滅絕充滿了畏怖。

佛陀對我們的存在卻有著截然不同的體認。他認為生與死都只是一種概念，它們並不是真實的。就因為我們當真了，所以才製造出強而有力的幻覺，進而導致了我們的苦難。佛陀的真理是不生，不滅；無來，無去；無同，無異；無永恆不滅的自我，亦無自我的滅絕。滅絕只是我們的一種概念罷了。一旦體認到自己是無法被摧毀的，我們就從恐懼之中解脫了。那是一份巨大的解放感。我們終於能煥然一新地享受和欣賞人生了。

滅絕只是我們的一種概念罷了。一旦體認到自己是無法被摧毀的，我們就從恐懼之中解脫了。

突然領悟到，喪母只是一種概念罷了

　　失去任何一個心愛的人，也是同樣的情況。如果維生的條件不合，他們就會隱退。母親過世的時候，我非常痛苦。一個七、八歲的孩子是很難想像有一天會失去母親的。成年之後我們都會面臨喪母這件事，但是你如果懂得修行，別離的日子來臨時，你就不會那麼痛苦了。你很快會體認到，母親是永遠活在你體內的。

　　母親過世的那一天，我在日記裡寫道：「一件非常不幸的事已經來到我的生命裡。」母親過世之後，我痛苦了一年多，但是某一天的深夜我夢見了她。當時我睡在越南高地上的一間小茅屋裡，那是我隱居的地方。夢裡我看見自己和母親坐在一塊兒，我們談得很開心。她看起來既年輕，又漂亮，長髮是垂下來的。坐在她身邊和她說話是多麼快活的一件事，就像她從未亡故一般。醒來時約莫清晨兩點，我強烈地感覺到我從未失去過母親。母親仍然與我同在，這份感覺十分清晰。我突然領悟到，喪母只是我的一種概念罷了。那一刻我才明白，母親是永遠活在我體內的。

　　我推開門走到屋外，整片山坡都沐浴在月光裡。這片山坡種滿了茶樹，我的小茅屋就在寺廟後方的半山

我突然領悟到，喪母只是我的一種概念罷了。那一刻我才明白，母親是永遠活在我體內的。

腰。在一排排的茶樹間漫步，我發現母親仍然與我同在。她便是撫慰著我的那一抹月光，如同以往那般的溫柔和藹……真是奇妙啊！每當我的腳接觸大地時，我深刻地了知母親仍然與我同在。我發現這副身體不是我一個人的，它也是我母親、我父親、我的祖父母、我的曾祖父母以及列祖列宗的延續。我看見屬於「我」的這雙腳，其實是「我們」的腳。我和母親在這片濕地上共同留下了足印。

打從那一刻起，喪母的想法就不再生起了。我只需要看看自己的手掌，感覺一下拂面的輕風以及腳下的大地，便能憶起母親是永遠與我同在的，任何時刻我都能感受到她。

一旦失去心愛的人，你一定會痛苦，但如果懂得深觀，你就會體認到，她或他的本性是不生不滅的。現象會生起，現象也會熄滅，為的是讓另一個現象能夠生起。你必須十分敏銳、十分警覺，才會發現一個人的新貌。只要精進地修持，你就能辦得到。

因此，和某位懂得如此修持的人手攜著手一同行禪。留意每一片葉子，每一朵小花，每一隻鳥兒和露珠。若是能靜止下來，深觀萬物，你會發現心愛的人不斷地以各種形式變現出新貌，那時你就會再度感受到活

我發現這副身體不是我一個人的，它也是我母親、我父親、我的祖父母、我的曾祖父母以及列祖列宗的延續。

著的喜悅了。

沒有任何事物被創生，沒有任何事物被毀滅

　　一位名叫拉瓦節（Lavoisier）②的法國科學家曾經聲明：「沒有任何事物被創造出來，沒有任何事物被毀滅（Rien ne se crée, rien ne se perd.）。」雖然他並不是佛教修行人而是一位科學家，他發現的真理與佛陀的真理卻是共通的。

　　我們真正的本性是不生不滅的，只有洞察到我們真正的本性，才能轉化對不存在和滅絕的恐懼。

我們真正的本性是不生不滅的，只有洞察到我們真正的本性，才能轉化對不存在和滅絕的恐懼。

　　佛陀說，當條件充足時，事物就會示現出來，於是我們就說它是存在的。依照佛陀的看法，判定某個東西存在或不存在，其實是一種錯誤的想法。事實上，沒有任何一個東西是完全存在或完全不存在的。

　　觀察一下電視機和收音機，我們很容易就明白這個道理了。我們也許正在一個沒有電視機或收音機的房間裡，待在這個房間裡，我們很可能會認為電視節目或廣播節目都不存在。但是我們要知道，房間裡其實充滿著各種訊號，那些節目的訊號充滿了整個大氣。我們只要再多一個條件，譬如一台收音機或電視機，那麼各式各

樣的影像、色彩及聲響就會出現。如果沒有一台可以收
訊和顯像的電視機或收音機，便說這些訊號不存在，這
樣的想法是錯誤的。它們看起來好像不存在，是因為讓
電視節目顯現出來的條件不足，所以我們待在那個房間
裡的那段時間，才會說它們是不存在的。若是未覺知到
某個事物，就說它不存在，這樣的想法是不正確的。只
有一件事會真的令我們產生困惑無明，那就是對存在與
不存在下論斷。對存在與不存在下論斷，會使我們深信
某個東西是存在的，或者某個東西不存在。對存在與不
存在的論斷，完全無法適用於實相。

上與下也只是一種概念罷了

上與下也只是一種概念罷了，認定它們是存在的，
同樣也是一種錯誤的想法。我們認定的下方，對另一處
的人而言可能是上方。我們在這裡坐禪，於是我們說頭
頂的上面是上方，相反的方向是下方。

在世界另一端練習坐禪的人，可能不會同意我們所
認定的上即是上，因為對他們而言那是下，而且我們並
沒有坐在他們的頭頂。上與下的概念一向指的是在某個
東西的上面，或是在某個東西的下面，然而這種上與下

我們認定的下方，
對另一處的人而言
可能是上方。

這些都只是幫助我
們適應環境的概念
罷了。這些概念是
我們的參考點，但
並不真實。

的概念並不適用於整個宇宙。這些都只是幫助我們適應
環境的概念罷了。這些概念是我們的參考點，但並不眞
實。實相是不受制於任何概念或觀念的。

從概念之中解脫出來

佛陀說過一個和概念有關的寓言故事。一位年輕的
商人從遠地返家，發現自己的房子不但被土匪燒毀了，
而且被洗劫一空。在房子的斷垣殘壁之外，有一小塊屍
體，他以爲那就是他小兒子的殘骸。他不知道自己的兒
子仍然活著；他不知道燒了房子之後，那些土匪把他的
兒子擄走了。在慌亂無比的情況之下，這位商人深信自
己看見的那一小塊屍體就是他兒子。他搥胸痛哭，不斷
地拔著自己的頭髮。不久他就開始進行火化的儀式。

這個商人是如此深愛他的小兒子，他的兒子便是他
活在世上的理由。他實在太想念這個男孩，甚至一刻都
不能離開孩子的骨灰。他用絲絨做了一個布袋，將骨灰
放在裡面，日夜都抱著這個布袋，無論是工作還是休
息，他絕不跟這一袋骨灰分離。某一天夜裡，他的孩子
從土匪那兒逃了出來。他來到了父親新造好的房子面
前。清晨兩點，他興奮無比地敲著門。他的父親仍然抱

著那一袋骨灰，一邊流淚，一邊應門道：「是誰啊？」
「是我啊！你的兒子！」男孩在門外喊著。「你這個頑皮
的小鬼，你才不是我的兒子呢。我的孩子三個月前已經
死了。他的骨灰現在就在我懷裡。」男孩拍打著房門，
不停地哭喊著。他一遍又一遍地哀求父親讓他進門，父
親卻不斷地拒絕他。這位男士堅信他的兒子已經死了，
而門外這名小孩只是一個前來折磨他的無情之人。男孩
後來只好黯然地離去，父親則從此失去了兒子。

　　佛陀說過，你若是受制於某種概念，並且信以為
「真」的話，你就喪失了一個認識真理的機會。縱使真理
化成人來敲你的門，你都會拒絕打開心房。因此，如果
你正受制於某個攸關真理的概念，例如可以使自己快樂
的一些條件，那麼你就要留意了。第一種的正念（Mind-
fulness）③修持，就是要從概念之中解脫出來：

　　留意由狂熱主義和偏狹觀點所製造的苦難。我們要
下定決心不去崇拜偶像或執著於教條、理論、意識型
態，即便是佛法也一樣。佛法是幫助我們深觀以及發展
智慧和慈悲的指導工具，而不是用來戰鬥、殺戮或犧牲
性命的教條。

你若是受制於某種概念，並且信以為「真」的話，你就喪失了一個認識真理的機會。縱使真理化成人來敲你的門，你都會拒絕打開心房。

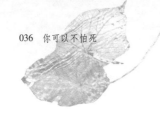

最高的自由便是從
自己的概念和觀念
之中解脫出來。如
果受制於自己的概
念和觀念，我們不
但會受苦，別人也
會因此而痛苦。

佛法是一種能促使我們解脫武斷傾向的修持。我們的世界因武斷的態度而受盡了痛苦。第一種的正念修持可以幫助我們做個自由人，而最高的自由便是從自己的概念和觀念之中解脫出來。如果受制於自己的概念和觀念，我們不但會受苦，別人也會因此而痛苦。

我們不從任何一處來，也不會去往任何一方

對許多人而言，我們最大的痛苦都源自於來與去的觀念。我們以為自己心愛的人是從某個地方來的，而現在已經離開，到另一個地方去了。然而我們真正的本質是無來無去的，我們不是從任何一處來的，也不會去往任何一方。當條件具足時，我們就示現出來；條件如果不夠，我們就不再示現，但這並不意謂我們不存在了。如同一台沒有聲波的收音機，我們只是不再顯相罷了。

不僅來與去的觀念無法闡明實相，存在與不存在的概念也一樣無法說明實相。我們在《心經》④裡聽聞到下面這些話語：「舍利子，是諸法空相，不生不滅，不垢不淨，不增不減……」

這裡所提到的「空」，具有很重要的意義；它最首要的意義就是獨立自我的「空」：沒有任何東西具有一個

獨立的自我，沒有任何事物能獨立存在。仔細檢視一下
我們會發現，所有的現象，包括我們自己在內，都是由
因緣條件組合而成的。我們是由不同的部位組合成的。
我們是由我們的父母、祖父母、身體、感受、認知、思
惟作意、大地、太陽以及無數非我的元素所構成的。這
所有的元素都必須仰賴因緣條件。我們看見一切已存
的、現存的、將要存在的事物，都是相互依存、共榮共
生的。凡是能示現出來被我們看見的東西，都是另一個
東西的局部，或是能夠讓它示現的其他條件的局部。諸
法本是不生不滅的，但是它們永遠在流轉變遷著。

　　我們也許有足夠的智力去理解這則真理，然而頭腦
的理解是不夠的，真正對它有了體悟，才能從恐懼之中
解放出來。那才是徹底的解脫，也就是活在與眾生相依
相生的境界裡。我們必須如此這般地深觀，並且在日常
之中滋養我們對不生不滅的清明見地，這樣我們就會發
現自己那無懼的天賦才能了。

　　只是在嘴上說說「依他起性」⑤的理論，是沒多大
幫助的。我們應該問的是：「紙啊！你是從哪兒來的？
你是誰？你來這兒要做什麼？你要到什麼地方去？」我
們也可以問一問火焰：「火焰啊！你從哪裡來，要到何
處去？」仔細傾聽它的答案你就會發現，火焰、紙張都

一切已存的、現存的、將要存在的事物，都是相互依存、共榮共生的。

在藉著它們的形貌回答你的問題。我們只需要深觀，就能聽見它們的答案。火焰的回答很可能是：「我不是從任何一個地方來的。」

這也可能是那朵山茶花的答案。它們既不相同，也不相左。它們不從任何一處來，也不往任何一方去。若是失去了一個孩子，我們不該如此悲傷，因為那時沒有足夠的因緣條件讓他降生。他會回來的。

哀傷，源自於無明

偉大的觀世音⑥是佛陀的弟子。某一天，他攝心內證甚深時，突然發現事物並沒有一個獨立的自性。體悟了這一點，他就克服了所有的無明，這意謂著他已經超越了一切苦厄。

深觀之下，我們也能看見事物是不生，不滅；無來，無去；無存在，無不存在；無同，無異的。

如果不去學習這樣的修持方式，真是太浪費生命了。有許多的修持方法都能減輕我們的哀傷和痛苦，不過解脫智慧的精髓就在洞悉不生不滅的實相。一旦有了這份洞識，我們就不再有任何恐懼了，那時我們才能享受由祖先留傳下來的寶貴遺產。在日常生活裡，我們要

隨時進行這奇妙的深觀。

我們的身體是未來世世代代人類的源頭

以一個禪者的雙眼去看待你的友人，你將會在他或她的身上看見他們的歷代祖先。你會敬重他們的身體，也會敬重自己的身體，因為你看見他們的身體和你的身體都是我們祖先的聖家。

同時你也發現，我們的身體正是未來世世代代人類的源頭。我們不會再損傷自己的身體，因為那不是一種善待子孫的方式。我們不會再服用迷幻藥，也不再吃喝有損健康或有害的東西。這份對身體的洞識，將會幫助我們活得健康，活得清明，懂得為自己負責。內與外的觀念也是同樣的情況。我們時常說佛在我們心中，父母在我們心中，或者父母在我們心外，佛在我們心外——這些內與外的觀念都不適切。我們一直是受制於觀念的，尤其是來與去、存在與不存在。只有去除這所有的觀念，涅槃的實相才會顯露出來。當是與非的觀念完全熄滅時，實相就會自然呈顯出來。

以一個禪者的雙眼去看待你的友人，你將會在他或她的身上看見他們的歷代祖先。

直接體驗，才是唯一的道路

我們可以拿橘子或榴槤來舉一個簡單的例子。如果一個人從未吃過橘子或榴槤，那麼不論你怎麼比喻或形容，都無法使他了解這些水果的真相。你只能做一件事：讓他直接體驗一下。你不能說：「嗯，榴槤的口味有點像波羅蜜，也有點像木瓜。」因為吃榴槤的經驗是無法用任何言語描述的。榴槤超越了所有的概念和觀念。橘子也是一樣。如果你從未吃過橘子，那麼別人無論多麼愛你，或多麼想幫助你了解橘子的味道，他們還是說不清楚。橘子的真相超越了所有的概念。涅槃也是一樣，它是超越所有概念的一種實相。就因為我們對涅槃有了既定的概念，所以我們感到痛苦。直接體驗才是唯一的道路。

> 如果你從未吃過橘子，那麼別人無論多麼愛你，或多麼想幫助你了解橘子的味道，他們還是說不清楚。

①示現：顯示、顯現之意。經典中論及「示現」，大都指諸佛、菩薩為教化眾生，而變現種種身形。如佛陀之三十二相、八十種好，觀音菩薩之三十三身等。但由《俱舍論》卷二（大二九・七上）：「十八界中，色界有見，以可示現此彼差別。」可知萬事萬物都可以「示現」。

②拉瓦節（Antoine Laurent Lavoisier, 1743-1794）：建立了以「氧」為中心的燃燒理論。與他人合作制定出化學物質命名原則，創立了化學物質分類的新體系。他根據化學實驗的經驗，用嚴密的科學方法證明了「質量守恆定律」。著作有《化學要

論》、《化學物質的命名法》。

③正念：佛教用語，(一)修行方法，八正道的第七支。謂將心念專注觀身不淨、觀受
　是苦、觀心無常、觀法無我。(二)憶念空性。在此指第二種的意思。

④《心經》：《般若波羅蜜多心經》的簡稱。佛教典籍。僅數百字，一般將之視為般
　若經綱要。是漢、藏佛教最流行的經典之一。

⑤依他起性：唯識宗把宇宙萬法分為三種性質，即遍計所執性、依他起性、圓成實
　性。萬法皆無自性，不能單獨生起，須靠眾緣俱備，然後乃生，名依他起性。

⑥觀世音：佛教菩薩名。為阿彌陀佛的左脅侍。西方三聖之一。是慈悲的象徵，當眾
　生有苦難時，只要稱念他的名號，即可獲得解脫苦厄。他會就眾生的因緣，化作種
　種不同的身分度化之，因此又有各種別稱，如水月觀音、魚籃觀音、馬郎婦觀音
　等，合計中日關於觀世音的別稱，共有三十三。又名三十三身。關於觀世音菩薩的
　形象，南北朝多依經典作男子，唐以後常作女相。是佛教中最受崇拜的菩薩。觀世
　音或譯作「觀自在」，古譯作光世音，略稱為「觀音」。

第二章
眞正的恐懼

深觀之下，你看不見雲的生日和死期。眞相只不過是雲化成了雨或雪。死亡這件事並不存在，因爲事物永遠在延續著。雲承繼了大海、河川以及太陽的高溫，而雨又承繼了雲。

我們怕死亡，我們怕別離，我們怕自己不存在。在西方世界裡，人們非常害怕自己不存在。他們如果聽見「空無」這個字眼，也非常害怕，雖然空無只不過意謂著概念消失罷了。空無並不是存在的反面，它不是不存在或滅絕。「存在」這個概念必須捨棄，「不存在」這個概念也得捨棄。空無只是用來幫助我們的一種工具罷了。

實相跟存在與不存在沒有任何關係。莎士比亞說：「存在，或者不存在——這便是問題所在（To be, or not to be—that is the question.）。」①而佛陀的回答卻是：「存在或不存在，根本不是問題所在。」存在與不存在只不過是兩個相左的概念，它們既不是實相，也無法用來描述實相。

覺醒之後的洞識不但去除了「永恆」之見，同時也去除了「無常」之見。「空無」也是同樣一回事。「空無」只是一種工具，如果受制於空無之見，你就迷失了。佛陀在《寶積經》②裡說過：「你若受制於存在或不存在的見解，那麼空無的觀念或許能幫你解脫。倘若執著的是空無之見，你就沒希望了。」有關空無的教法，只是幫助你體悟空性的一種工具，若是把工具當成了洞識，你就被概念緊緊束縛住了。

有關空無的教法，只是幫助你體悟空性的一種工具，若是把工具當成了洞識，你就被概念緊緊束縛住了。

　　如果對「涅槃」也抱持某種見解，那麼此種見解也要去除。「涅槃」就是把所有的觀念都空掉，包括涅槃本身。若是執著於涅槃之見，你就尚未體悟涅槃。佛陀這份深刻的洞識和發現，使他超越了恐懼，超越了焦慮，以及生死輪迴之苦。

燒掉所有的概念

　　你如果有一根火柴，便擁有了生火的條件。你的火柴燃燒的時間若是夠長，那麼連火柴本身也會被燒掉。火柴能生火，而火也會燒掉火柴；涅槃的教法也是同樣一回事。它能幫助我們體悟無常，然而這份對無常的洞識，也會燒掉我們對無常所抱持的概念。

　　我們必須超越「恆常」之見，同時也得超越「無常」之見，然後才能跟涅槃相應。無我也是同樣一回事。無我便是那根火柴，它能幫助我們生起無我的洞識之火；憑著對無我的了悟，便能燒掉無我這根火柴。

　　修行不是去累積一堆有關無我、無常、涅槃等等的概念，那是錄音機的工作。談論或散播佛教概念，並不是真的在研究或修持佛法。我們可以進大學攻讀佛法，不過只能學到一些理論和概念。我們需要超越概念，產

修行不是去累積一堆有關無我、無常、涅槃等等的概念，那是錄音機的工作。

生真正的洞識，才能燒光所有的概念而達成證悟。

深入涅槃的歷史面，便同時通達終極面

看看一個兩角五分的銀幣。有頭像的稱為正面，另一面則稱為反面；它們缺少了對方就無法存在了。這塊金屬幣包括正反兩面，少了這塊金屬幣，兩面都不可能存在。正面、反面以及金屬本是相互依存的。我們可以將這塊金屬比喻成涅槃，而正反兩面就像無我及無常的示現一般。藉著錢幣的正面及反面，你可以洞觀和認識這塊金屬。同樣地，深觀無常和無我的本質，也可以覺察到涅槃的本質。

涅槃的終極面無法與世俗的歷史面分隔。深入於歷史面，便同時通達了終極面。終極面一直在你心中。對修行者而言，洞觀他或她的無常及無我本質，是極為重要的事。如果修行有成，他就能通達涅槃，證入無懼。那時他就能面帶微笑隨順生死的巨浪了。

實相可以示現於歷史面，也可以展露於終極面

我們可以透過歷史面來檢視日常生活裡的實相，我

涅槃的終極面無法
與世俗的歷史面分
隔。深入於歷史
面，便同時通達了
終極面。終極面一
直在你心中。

們也可以從終極面來檢視相同的實相。實相可以示現於歷史面，也可以展露於終極面。我們也是一樣的。我們不但有日常生活和歷史面的考量，還有終極層面的關懷。我們不能只關心日常的事務——名聞利養、社會地位和未來的計畫，同時也得關懷我們的眞實本性是什麼。深入地禪修就是開始去實踐我們的終極關懷。

不須尋求終極涅槃，我們的本性即是涅槃

當你凝視著海面時，你看見了潮浪的來去。你可以運用高低、大小、強弱、美或不美的辭藻，來形容一波波的海浪；你也可以運用始終、生滅的詞彙來描述海浪。它們可以和歷史面相比擬。在歷史面的時間裡，我們關心的是生與死、更多的權力與權力不夠、更美與不夠美、開始與結束等等。

深入地觀察，我們卻看見海浪即是海水。海浪或許也會追尋她的眞實本性。海浪也會因恐懼和複雜情結而受苦。海浪也會說，「我不像其他的浪那麼大」，「我覺得很苦悶」，「我曾經誕生過，我將會死亡」。海浪也可能因爲這些事和這些概念而受苦。但海浪若是能彎下身來看一看自己，她會發現她眞實的本性就是水，這時她

但海浪若是能彎下身來看一看自己，她會發現她真實的本性就是水……

的恐懼和情結才會消失。水是不受制於浪潮生滅的，水是不受制於高低、美或不美的；你只能從海浪的角度來談論美或不美、高或低。但是從水的角度來看，這所有的概念都是無效的。

我們真正的本質是不生不滅的，我們無須到別處去尋覓自己的真實本性。我們不需要尋找神，我們不需要尋求終極涅槃。我們的本性即是涅槃。我們就是神。

你就是你一直在尋找的那個東西，你早已是你想成為的那個東西了。你可以對海浪說：「我親愛的海浪，你的本性就是水，你不需要再去求水了。你的本性是無分別、無生滅、無存在無不存在的。」

像海浪一樣地修持，緩緩地深觀自己，並認清自己的本性是不生不滅的。以這樣的方式來修持，你就能通達自由和無懼。這樣的修持方式可以幫助我們活得無懼，死而無憾。

如果你的心正懷著深沉的哀傷，如果你失去了心愛的人，如果你仍然害怕死亡、被遺忘或是滅亡，請接受這則教誨，開始修持。若是依法修持，你就能以佛陀的雙眼凝視著雲彩、玫瑰、小鵝卵石，或是你的孩子。你將洞悉不生不滅、無來無去的實相本質。這份洞識能幫你解除恐懼、焦慮和哀傷。那時你就擁有了使你堅強與

我們不需要尋找神，我們不需要尋求終極涅槃。我們的本性即是涅槃。我們就是神。

穩定的一份祥和感，縱使不幸的事發生了，你也只是莞爾一笑。以這樣的方式生活，你將為周遭的人帶來許多助益。

未生之前，你在哪裡？

有時人們會問你：「你的生日是哪一天？」或者你可以問自己一個更有趣的問題：「被我稱為生日的那一天之前，我在哪裡？」

問一問雲：「你的生日是哪一天？未生之前，你在哪裡？」

或者你可以問雲：「你幾歲了？能不能告訴我你的生日是哪一天？」深深地諦聽，你也許能聽見它的回答。你可以想像一下雲誕生的景象。未生之前，它是海裡的水。或者它本來在河裡，後來變成了水蒸氣。它也可能是太陽，因為陽光製造了水蒸氣。當時風也應該在場，是它幫助水轉成了雲。雲不是無中生有的；不斷在變化的只是形式罷了。事物並不是無中生有的。

雲遲早會變成雨或雪或是冰。如果你深入地觀察雨，你會看見雲。雲並沒有消失；它化成了雨，雨化成了草，草化成了牛，牛又化成了牛奶，然後又成了你嘴

雲遲早會變成雨或雪或是冰。如果你深入地觀察雨，你會看見雲。雲並沒有消失。

裡的冰淇淋。今天你如果吃冰淇淋的話，給自己一點時間凝視著眼前的那個甜筒，然後說：「嗨！雲兒！我認出你了。」這麼做，會使你洞悉和了悟冰淇淋及雪的真正本質。同樣地，你也會在冰淇淋中看見大海、河川、高溫、太陽、草及牛。

深觀之下，你根本看不見雲的生日和死期。真相只不過是雲化成了雨或雪。死亡這件事並不存在，因為事物永遠在延續著。雲承繼了大海、河川以及太陽的高溫，而雨又承繼了雲。

在未生之前，雲早就存在了，所以，你今天如果喝牛奶、喝茶或是吃冰淇淋，請隨觀你的呼吸，凝視一下眼前的那杯茶或是冰淇淋，然後跟雲朵打聲招呼。

佛陀不慌不忙地深觀萬物，我們也做得到。佛陀並不是神：他和我們一樣是凡人。他痛苦，但是他懂得深觀，所以他克服了自己的痛苦。他擁有了深刻的了悟、智慧及慈悲，所以我們才說他是我們的導師和兄長。

我們害怕死亡，是因為我們不了解事物是不滅的。人們說佛陀已死，然而這並不是真相。佛陀仍然活著。若是環顧一下四周，我們會看見各種形態的佛。因為你深觀過萬物，並且洞察到事物並沒有真的誕生，也沒有死亡，所以佛已經在你心中了。我們可以說你就是佛的

新貌，佛的繼承者。不要低估你自己。向四周多看幾眼，你將會瞥見四處都是佛的化身。

我是不是昨日的我？

　　我有一張十六歲時拍下的照片。那張照片裡的人真的是我嗎？我並不是很確定。那張照片裡的男孩到底是誰？如果那個男孩就是我，為什麼他長得不像我？那個男孩仍然活著，還是已經死了？他和現在的我不大相像，但也不相異。有些人看了那張照片之後，認為那個男孩已經不存在了。

　　人是由肉體、感受、認知、思惟作意和分別意識組合成的，自從拍下那張照片之後，上述的一切早已改變了。照片中那個男孩的身體已經不再是我的身體，因為我已經是七十多歲的人了。感受不同，理解也不同了，就好像我已經和那個男孩不相干了。但照片裡的男孩如果不曾存在，我也不可能存在。

　　我就是一種延續，如同雨承繼了雲一樣。如果你深深凝視著那張照片，你會看見我當時已經是個老人了。你不需要等五十五年才看見。檸檬樹開花的時節裡，你也許看不見什麼果實，但如果深觀的話，你會看見果實

我就是一種延續，如同雨承繼了雲一樣。如果你深深凝視著那張照片，你會看見我當時已經是個老人了。你不需要等五十五年才看見。

眼前的這棵樹雖然只看得見樹枝、樹葉和花朵,但如果檸檬樹有足夠的時間,它將會以檸檬的形態展現自己。

早已存在了。只需要再多一個條件——「時間」,你就能看見檸檬了。檸檬早就在檸檬樹上了。眼前的這棵樹雖然只看得見樹枝、樹葉和花朵,但如果檸檬樹有足夠的時間,它將會以檸檬的形態展現自己。

四月的向日葵早已存在,只是尚未展露

如果你在四月份來到法國,你看不見任何的向日葵;但是七月份一到,梅村一帶便開滿了向日葵。四月的時候向日葵在哪裡?如果在四月來到梅村,深觀之下你還是看得見向日葵。農人已經犁好了田,播好了種,因此花兒們只要再多一個條件,就能展露自己了。它們正等待著五、六月份的和暖氣候。向日葵早已存在,只是尚未充分展露罷了。

深入地觀察一盒火柴,你看得見裡面的火焰嗎?如果看得見,你已經證悟了。觀察一盒火柴,你已經看得見火焰了。只要有人動一下手指,火就會顯現出來。我們不妨對它說:「親愛的火焰,我知道你早就存在了。現在我要幫你展露自己。」

火焰一向存在於那盒火柴及空氣裡,但是沒有氧氣的話,火焰就不可能展露出來。如果你點燃一根蠟燭之

後，立刻用東西蒙住它，它的火焰就會因缺氧而熄滅。火焰必須有氧氣才能存在。我們不能說火焰存在於火柴盒裡，或者存在於火柴盒外。空間、時間或意識裡，處處都有火焰的蹤跡。火焰無所不在，它正等待著展露自己的機會，而我們就是幫助它示現的條件之一。雖然如此，我們只要向它吹一口氣，便能制止它繼續示現自己；我們向火焰吹出的那一口氣，就是制止它以火焰的形態示現自己的一種條件。

　　我們可以用同一根火柴點燃兩枝蠟燭，然後再吹熄火柴上的火焰。你認為那根火柴上的火焰熄滅了嗎？答案是：「火焰的本質是不生不滅的」。接下來的問題則是，那兩枝蠟燭上的火焰是相同的，還是不同的？答案是：「它既不相同，也不相異」。現在又產生了另一個問題：那根火柴上的火焰真的熄滅了嗎？其實是「既熄滅，又未熄滅」；它的本質也是不生不滅的。如果我們讓那枝蠟燭繼續燃燒一小時，那火焰是原來的，還是變成了不同的火焰？燭心、燭蠟和氧氣一直在變化著。燃燒中的燭心和燭蠟一直在起變化。如果這些東西都在改變，火焰也一定在改變。因此火焰已經不同了，可是又沒什麼不同。

空間、時間或意識裡，處處都有火焰的蹤跡。火焰無所不在，它正等待著展露自己的機會，而我們就是幫助它示現的條件之一。

存在並不是毀滅的反面

存在並不是滅亡的反面，但我們總認為存在就是不存在的反面。這類的概念和左右之類的觀念同樣不實在。我們有可能除去右邊這一面嗎？若是拿刀把一枝筆切掉一半，剩下的那個部分仍然有右邊這一面。政治上的左派與右派是永遠存在的──它們不可能被去除。只要右翼存在，左翼一定存在。

因此，那些政治上的左翼份子應該希望右翼份子能永遠存在，因為去除了右翼，便同時去除了左翼。佛陀說過：「此有故彼有，此生故彼生。」佛陀的這則教法談的便是宇宙創生，亦即所謂的「依他起性」。火焰會存在，是因為有火柴的存在；火柴如果不存在，火焰也不存在了。

政治上的左派與右派是永遠存在的──它們不可能被去除。只要右翼存在，左翼一定存在。

答案就在你心中

火焰是從何處來的？它的起源是什麼？我們應該深觀一下這個問題。難道我們必須擺出蓮花坐的姿勢，才能找到答案嗎？我確信答案早已在你心中了。只要再多一個條件，它就會呈現出來。佛陀說過，每個人都有佛

性。佛性就是能夠領悟我們真實本質的一份能力。答案其實早已在你心中。老師是無法給你任何解答的，老師只能幫助你連結內心的覺性、智慧和慈悲。佛陀導引你跟心中早已具足的智慧相應。

許多人都問過：「死亡來臨時你會到哪裡去？死的時候會發生什麼事？」我們有些朋友失去了心愛的人，他們可能會問道：「現在我心愛的人在哪裡？她到哪裡去了？」哲學家的問題則是：「人是從何處來的？宇宙或世界到底來自何處？」

如實地深觀我們將會看見，當所有的條件都具足時，事物就會顯現出來。這顯現出來的事物不是從任何一處來的，當它不再顯現時，也不會去往任何一方。

「創生」？還是「示現」？

「創生」似乎意謂著從無中突然生出了某樣東西。我對「示現」（Manifestation）一詞的喜愛多於「創生」（Creation）。若是懂得深觀，或許就能從「示現」的角度來理解「創生」。如果洞察到雲是某個既存事物的變現，而雨則是雲最終的示現，我們也許就能體悟人類和周遭所有的事物都源自於某處，卻不會去往任何一方。示現

佛性就是能夠領悟我們真實本質的一份能力。答案其實早已在你心中。

並不是毀滅的反面，它只是一種形式上的改變。洞察到生命和宇宙都是一種示現，能夠為我們帶來一份深邃的祥和感。如果你正因為心愛之人的逝去而悲傷，這些話語可以導引你深觀並治療你的痛苦。

某位神學家曾經說過：「造物主就是存在的基礎（God is the ground of being.）。」然而存在到底是什麼？存在並非不存在的對立面。如果存在只是一種和不存在對立的概念，那就沒有所謂的造物主了。造物主能超越所有的觀念，其中也包括創造和毀滅的概念在內。如果你能洞察到萬物的變遷，並藉由它來深觀創造的概念，你將會深刻地體悟有關創生的教法。你會發現沒有任何事物誕生，也沒有任何事物死亡，萬物只是不斷地在流轉變遷罷了。

如果存在只是一種和不存在對立的概念，那就沒有所謂的造物主了。造物主能超越所有的觀念，其中也包括創造和毀滅的概念在內。

尋找痛苦和哀傷的解脫

我們到教會、猶太教堂、清真寺或是禪修中心學習靈性的修持，為的就是找到解脫痛苦和哀傷的方法。但若想成就最徹底的解脫，就必須有能力洞觀存在的終極實相。從猶太教和基督教的角度，你可以稱那個次元為神。神就是我們真實的本性，不生不滅的本質。如果你

懂得信賴神，信賴自己的眞實本性，你就能拋開恐懼和
哀傷。

　　一開始你可能會認爲神是一個人，然而人是非人的
反面。如果在概念和觀念之下來思考神，你就不能發現
神的眞實面。神能超越我們所有的概念。神既不是人，
也不是非人。海浪在無明時也會陷入生死、高低、美醜
以及嫉妒他者的恐懼裡。但海浪若是能洞悉她自己的本
性，身爲水的本性，進而了解自己便是水，那麼她所有
的恐懼和嫉妒就會消失。水，是不會經歷生死或高低潮
起伏的。

如果在概念和觀念
之下來思考神，你
就不能發現神的真
實面。神能超越我
們所有的概念。神
既不是人，也不是
非人。

「因」，也是「果」

　　當我們在觀看像花、桌子或房子這類的事物時，我
們總以爲房子或桌子必須由某人製造才能成形。我們總
想找到房子會產生的原因，桌子會產生的理由。於是我
們下了一個結論：房子的因就是營造者：泥水匠或木
匠。那桌子的因又是什麼呢？是誰製造了這張桌子？木
匠。花的創造者又是誰呢？是大地、農人，還是園丁？
我們對「因」這件事的思考是非常簡單的。我們以爲只
有一個因，便足以促成事物的存在。但深觀之下我們卻

會發現，一個簡單的「因」是不足以造成「果」的。木匠不是桌子唯一的成因。如果木匠沒有釘子、鋸子、木材、時間、空間、食物，或是生養他的父母以及各種的因緣條件，他是不可能造出一張桌子的。桌子的因其實是無窮無盡的。

當我們在看一朵花的時候，我們也會發現同樣的情況。園丁只是各種因中的一種；其他諸如土壤、陽光、雲、堆肥以及許許多多的事物，也都是必要的條件。如果深入地觀察，你會看見整個宇宙都在促成這朵花的示現。深觀午餐中一片的紅蘿蔔，你會看見整個宇宙都在促成這片紅蘿蔔的示現。

繼續深觀下去，我們將會發現「因」，也就是「果」。園丁既是幫助那朵花示現出來的原因之一，同時也是其他事物產生出來的結果。園丁能示現出來，是因為有許多其他的因：祖先、父母、老師、工作、社會、食物、醫藥和遮風蔽雨的房子。如同園丁一樣，他們既是因，也是果。

深觀之下我們會發現，每一個因同時也是果。沒有什麼東西足以被稱為「純粹的因」。這種深觀的訓練，可以幫助我們發現許多的事物，如果不執著於任何教條或理念，我們就能自在地探索了。

深觀午餐中一片的紅蘿蔔，你會看見整個宇宙都在促成這片紅蘿蔔的示現。

花，必須仰賴「非花」的元素才能示現出來

有人問佛陀：「事物的起因是什麼？」他的回答很簡單，他說：「彼生故此生。」這句話意謂著，事物必須仰賴其他的事物才能示現出來。花必須仰賴「非花」的元素才能示現出來。

深觀一下眼前的這朵花，你將會發現許多非花的元素。深觀一朵花，你將會發現陽光這個元素；陽光，就是一種非花的元素。缺少了陽光，花是無法展現出來的。深觀一朵花，你又會發現雲這個元素；雲，也是非花的一種元素。缺少了雲，花仍然無法展現出來。其他的元素也很重要，譬如礦物質、土壤、農人等等；各式各樣的非花元素，都在共同促成這朵花的示現。

這就是我對「示現」一詞的喜好甚於「創生」的原因。但這並不意謂我們不該採用「創生」一詞。我們當然可以採用它，不過我們應該明瞭，「創生」並不意謂從無中生出了某個東西；「創生」，也不代表某些東西被摧毀，並且會消失於無形。我非常喜歡「奇妙的變現」（Wonderful Becoming）這個詞彙，它跟「創生」的真實含義比較貼近。

事物必須仰賴其他的事物才能示現出來。花必須仰賴「非花」的元素才能示現出來。

①這是莎士比亞的劇本《哈姆雷特》中哈姆雷特王子的著名獨白。

②《寶積經》：《大寶積經》簡稱。寶積，即法寶之集積，因為是大乘深妙之法，所以視之為「寶」，有無量法門涵攝在此經卷中，故謂之「積」。唐菩提流志新譯三十六會三十九卷，取舊來諸師所譯二十三會八十一卷合之，以四十九會一百二十卷為全本。

第三章
深觀的修持

失去孩子的父母經常自怨自艾，但是仍不珍惜與孩子們相處的時光。你以為你的配偶會永遠陪在身邊，你怎麼能如此確定呢？我們真的不知道二十年、三十年後或者明天，父母親會在哪裡？

佛陀傳授的所有實修方法中，都蘊藏「三法印」①的教法。佛陀所說的三法印就是：諸行無常②，諸法無我③，涅槃寂靜④。如同所有重要的法律文件都蓋上見證者的印鑑，佛陀所有的實修方法也都帶有三法印的特質。

深入地探索一下第一法印──諸行無常，我們發現它並不僅僅意謂著諸事多變。深觀事物的本性將會使我們認清，沒有一件事能在兩個剎那之間維持不變。每一個剎那事物都在變化，並沒有固定不變的身分或恆常的自性⑤。因此在諸行無常的教法裡，我們永遠找不到一個永恆不變的自性。我們稱之為「無我」。就因為事物永遠在轉變，而且沒有不變的自性，所以我們才能得到解脫。

第三法印是涅槃寂靜。它意謂著充實與自由，從所有的概念和觀念之中解放出來。「涅槃」正確的解釋是「熄滅所有的概念」。深觀諸行無常，將引領你發現諸法無我。發現了諸法無我，你就能證入涅槃。涅槃便是神的國度。

深觀諸行無常，將引領你發現諸法無我。發現了諸法無我，你就能證入涅槃。涅槃便是神的國度。

洞悉諸行無常，可以超越所有的概念

修持以及洞悉諸行無常，並不是另一種對實相的描述，而是幫助我們轉化、治療和解脫的一項工具。

無常暗示著諸事多變，下一刻，事物已經不再是原貌了。雖然事物每一刻都在起變化，你仍然無法正確地說出它們和上一刻是相同的，或是不同的。

今天我們如果去昨日的河裡沐浴，它們還是不是同一條河呢？赫拉克利特（Heraclitus）⑥曾經說過，我們不可能踏進同一條河裡兩次。他是正確的。今日的河水與我們昨日沐浴過的河水，已經是截然不同了。不過河仍然是同一條河。當年孔子站在岸邊觀看河水流逝時，也曾經說過：「逝者如斯夫，不舍晝夜。」

洞悉諸行無常，可以幫助我們超越所有的概念，超越異同與來去：它能幫助我們認清那河水雖非昔日的河水，卻也不相異。它昭示我們，入睡前在床邊點燃的那枝蠟燭，已經不是晨間仍在燃燒的那枝蠟燭了。桌上的燭火雖非不同的火焰，但也不盡相同了。

洞悉諸行無常，可以幫助我們超越所有的概念，超越異同與來去……

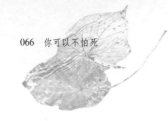

感謝「無常」，所有的事才可能發生

　　當事情生變時，我們會感到痛苦和哀傷，然而變易與無常也有積極的一面。感謝諸行無常，所有的事才可能發生，生命本身才可能誕生。假如一粒玉米不是無常的，它永遠也不會轉變成玉米的根莖；假如根莖不是無常的，它永遠也無法提供我們可以食用的玉蜀黍。假如你的女兒不是無常的，她永遠也不會成為一個小婦人，這麼一來你的孫子就不會誕生了。與其抱怨無常，我們應該說：「歡迎無常！願無常能長命百歲！」這樣我們才會感到快樂。一旦認清了無常的神奇性，我們的哀傷和痛苦就會消失。

　　無常也應該從「依他起性」的角度來加以理解。所有的事物都是相互依存的，它們不斷地在彼此影響著。據說，地球的一端如果有隻蝴蝶在振動著翅膀，另一端的氣候就會受到影響。事物不可能永遠維持原狀，它們時時刻刻都受到了其他事物的影響。

地球的一端如果有隻蝴蝶在振動著翅膀，另一端的氣候就會受到影響。

單憑智力是無法證悟實相的

　　每個人都能藉著智力理解無常的道理，然而這並不

是真正的了悟。單憑智力是無法解脫的，它不可能引導
我們證悟實相。只有當我們變得穩定與專注時才能深
觀。若是因深觀而洞悉了無常的本質，就能專注於這份
深刻的洞識，而這份對無常的洞識又會逐漸成為我們存
在的一部分。它會成為日常的生活經驗。我們必須保住
這份對無常的洞識，才能時時刻刻看見無常，享受無
常。若是懂得善用無常做為禪修的對象，就能培養出對
無常的體悟，然後它才能隨時活在我們心中。如此修持
下去，無常將會成為開啟實相之門的那把鑰匙。

　　然而我們不能只是暫時洞察到無常，隨後又遮蔽住
它，而將一切的事物看成是恆常不變的。大部分時候我
們都以為，孩子們會永遠留在我們身邊；我們從不思考
一下，也許三、四年後他們就會離開我們，結婚生子成
家立業去了。因此，我們總是不懂得珍惜孩子與我們相
處的時光。

　　我認識許多的父母，他們的孩子一到十八、九歲就
會離開家庭，獨自生活去了。這些失去孩子的父母經常
自怨自艾，他們仍然不珍惜與孩子們相處的時光。夫妻
之間也是同樣的情況。你以為你的配偶會永遠陪在身
邊，你怎麼能如此確定呢？我們真的不知道二十年、三
十年後或者明天，父母親會在哪裡？每一天都要深觀無

你以為你的配偶會
永遠陪在身邊，你
怎麼能如此確定
呢？

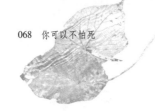

常，這是非常重要的事。

透過無常之眼來洞察情緒

假如某人對你說了一些令你憤怒的話，而你恨不得他立刻就消失，這時請你以無常之眼深觀一下。如果他或她真的離開了，你會有什麼感覺？你會感到開心，還是會傷心地落淚？進行這樣的深觀，會帶來很大的助益。有一偈可以用來幫助我們：

從終極層面看待憤怒
我閉上雙眼開始深觀。
由此刻算起的三百年後
你在何處，我又在何方？

當我們生氣時，通常會做出什麼舉動？我們會大吼大叫，把自己的問題怪罪到別人身上。如果以無常之眼來看待憤怒，我們就會息怒而開始留意自己的呼吸。若是能從終極面來看待彼此的憤怒，我們就能閉目深觀。試著去遙望一下三百年後的未來，那時你會是什麼模樣？我會是什麼模樣？你在哪裡？我又在哪裡？我們只

如果以無常之眼來看待憤怒，我們就會息怒而開始留意自己的呼吸。若是能從終極面來看待彼此的憤怒，我們就能閉目深觀。

需要深深地吸氣和呼氣，看看自己的未來和對方的未來。甚至不需要看到三百年後，也許五十年、六十年之後，我們已經不在人世了。

遙望未來，就會認清對方是值得珍惜的。任何時刻我們都可能失去對方，如果有這份體認，我們就不會再生氣了。我們會擁抱他或她，然後說道：「我真是高興你還活在人世。我怎麼能對你生氣呢？有一天我們都會死的。只要我們還活著，而且還在一起的話，對彼此生氣就是一件愚蠢的事。」

我們會愚蠢到令自己痛苦也令對方痛苦，是因為我們忘了自己和對方都是無常的。死亡來臨的那一天，我們將會失去所有的財物、權力和家人。眼前我們所擁有最貴重的東西，就是我們的自由、祥和及喜悅；但是缺少了對無常的體察，我們是不可能快樂的。

有些人在某人活著的時候連一眼都不想看他，但此人一過世，他們卻奉上鮮花，寫下了動人心絃的訃文。那一刻斯人已逝，再也無法享受鮮花的芳香了。如果我們真的了悟並謹記人生無常的道理，我們一定會盡全力讓那個人在此時此地便感到開心。我們會浪費二十四小時生愛人的氣，是因為我們對無常一無所知。

「從終極層面看待無常，我閉上了雙眼。」我閉上

遙望未來，就會認清對方是值得珍惜的。任何時刻我們都可能失去對方，如果有這份體認，我們就不會再生氣了。

雙眼是為了觀想心愛的人在一百年後或三百年後的模樣。如果你觀想自己和心愛的人在三百年後的模樣，你會非常高興自己今天還活著，而你最愛的人今日還健在。當你睜開雙眼時，怒氣已經消失了。你會伸開雙手擁抱對方，然後觀照自己的呼吸：「吸氣時，我感謝你還活著；呼氣時，我覺得無比的快樂。」閉上雙眼觀想自己和對方在三百年後的模樣，你就是在冥思無常的真理。從終極層面來看，憤怒其實是不存在的。

瞋恨也是無常的。縱使此刻被瞋恨吞沒，一旦了悟瞋恨也是無常的，我們就能做一些事來轉化它了。一個真正的修行人必定有能力消解掉嫌惡和瞋恨。如同轉化憤怒一般，我們也閉上雙眼深觀：一百年後我們會在哪裡？從終極層面來體認瞋恨，它就會在瞬間立即消失。

以無常來滋養愛

因為愚昧，而且忘了無常的道理，所以我們無法正確地滋養心中的愛。剛結婚的時候，我們的愛非常強烈，我們以為失去了對方，可能連一天也活不下去。但因為不懂得深觀無常，所以一兩年後，我們的愛就變成了挫敗與憤怒。現在我們竟然會懷疑，如果和自己曾深

一百年後我們會在哪裡？從終極層面來體認瞋恨，它就會在瞬間立即消失。

愛過的這個人繼續相處下去，不知還能不能撐得過眼前
這一天。我們覺得自己已經別無選擇，於是我們決定要
離婚。若是能體察到諸行無常，就會懂得培養和滋養我
們的愛。只有如此，關係才能持久。你們必須滋養和照
料心中的愛，它才會逐漸增長。

無我，並不意謂我不存在

　　「無常」乃是從時間的觀點來看待實相，「無我」
則是從空間的角度來看待實相。它們是實相的兩個層
面。無我是透過無常而顯現出來的，無常則是透過無我
而示現出來的。如果事物是無常的，它們一定沒有獨立
的自性；如果事物沒有獨立的自性，它們必定是無常
的。「無常」意謂著每一個剎那事物都在轉變。這就是
實相。既然沒有一件事是不變的，又怎麼會有一個不變
的「我」，或是獨立的自性呢？當我們在用「我」這個字
的時候，我們指的是一個天天都不會改變的東西，然而
沒有一件事是如此的。我們的身體是無常的，我們的情
緒是無常的，我們的感覺是無常的；我們的憤怒、我們
的哀傷、我們的愛、我們的恨以及我們的意識，都是無
常的。

「無常」意謂著每
一個剎那事物都在
轉變。這就是實
相。既然沒有一件
事是不變的，又怎
麼會有一個不變的
「我」，或是獨立的
自性呢？

因此，真的有一個恆常不變、可以被我們稱為「我」的東西嗎？在白紙上寫下的這些字，並沒有一個獨立的自性；它們會存在，是因為有雲朵、森林、太陽、大地、造紙的人以及機器。如果這些東西存在，紙就會出現。如果這些東西不存在，紙就不會出現。假設我們把這張紙燒了，紙的「我」又在哪裡？

沒有一個東西可以獨立存在，它的存在必須依賴其他的事物，這就叫做「依他起性」。存在也暗示著相依相生。紙、陽光和森林是相依相生的。花也不能獨立存在，它必須跟土壤、雨、草及昆蟲相互依存。獨立的存在是不成立的；相依相生才是真理。

深觀一朵花，我們看見花是由非花之元素組合成的。我們可以說花充滿著各種東西，沒有一樣東西不存在於花中；我們可以從其中看見陽光，看見雨水，看見雲朵，看見大地，以及時間和空間。花如同其他的事物一般，完全是由非花之元素所構成的。整個宇宙都在共同促成這朵花的示現。這朵花充滿著各種元素，但只有一個除外：獨立的「自我」，獨立存在的身分。

花不可能獨自存在。花必須仰賴陽光、雲和宇宙所有的事物，才能存活下來。從依他起性的角度來體悟存在這件事，我們和真相就貼近多了。依他起性既不是存

花不可能獨自存在。花必須仰賴陽光、雲和宇宙所有的事物，才能存活下來。

在，也不是不存在。依他起性暗示著沒有所謂獨立存在的身分，也沒有所謂獨立存在的自我感。

「無我」也意謂著「空」，這個佛學名相指的是獨立自我的「空」：我們的本性是「無我」的，但這並不意謂我們不存在，也不意謂沒有一個東西是存在的。一個杯子可能是空的，也可能裝滿了水，但是為了空或滿，杯子必須存在。因此「空」並不代表不存在，也不意謂著存在。它能轉化所有的概念。深觀「無常」、「無我」和「依他起性」的本性，你就能洞悉宇宙的終極實相，涅槃寂靜的本性。

我們是誰？

我們以為身體是自己的，或者身體便是自己，我們以為自己的身體就是我或我的。深觀之下你卻發現，你的身體不但是祖先的、父母的，同時也是你子子孫孫的；因此它既不是「我」，也不是「我的」。你的身體充滿了其他的東西——無窮的非身體元素——但只有一個東西除外：獨立存在的自我。

我們必須透過空、依他起性和無我的見地來認識無常。這些事都不是消極的。「空」真是奇妙極了。西元

依他起性暗示著沒有所謂獨立存在的身分，也沒有所謂獨立存在的自我感。

二世紀佛教著名的中觀導師龍樹（Nagarjuna）⑦曾說過：「因為空，一切事物才可能存在。」

在無常之中你會看見無我，在無我之中你也會看見無常。我們可以說，無常就是從時間的角度來看待無我，而無我則是從空間的角度來看待無常。若是無法在無我之中見到無常，那就不是真的無我了；若是無法在無常之中見到無我，那也不是真的無常了。然而事情還不只如此，你還必須在無常之中見到涅槃，也必須在無我之中見到涅槃。假設我畫一道線，一邊可能是無常和無我，另一邊可能是涅槃。這道線或許能帶來一些幫助，但也可能造成誤導。涅槃意謂著超越所有的概念，包括無我和無常在內。如果能在無我及無常之中見到涅槃，就表示我們並沒有受制於無我或無常之類的概念。

複製人，也無永恆不變的自性

假設你從我的體內取出三個細胞，將它們複製成三個小孩，他們會繼承我的血親和我自己的遺傳基因。

我們還有另一種遺傳：從家族遺傳而來的身體。它本來是自然界的一部分。此外，我們也從環境裡得到一種遺傳——養成教育。想像一下這三個複製人分別被放

涅槃意謂著超越所有的概念，包括無我和無常在內。

在三種不同的環境裡。假設其中的一個被放在嗑藥和賭博的環境裡，那麼他很可能會變成一個喜歡嗑藥和賭博的人。他不可能像我一樣成爲佛教僧人。如果你把另一個複製小孩放在經商的環境裡，送他到商校念書，他就可能成爲一名商人。這三個複製人都帶著我的遺傳基因，發展卻大不相同。雖然佛法已經滲透我整個生命，但商校還是無法灌漑佛陀的教法和修持，被灌漑的是商業上的買賣種子。那個複製小孩長大後很可能成爲一名商人，雖然他的眼睛、鼻子和耳朵都像我，他和我仍然是不同的人。

　　假設我們讓第三個複製小孩出家當和尚。我們把他放在鹿苑寺（Deer Park Monastery），讓僧尼扶養他長大。他每天聽到的都是經文，接受的都是行禪之類的修持，那麼這個孩子長大之後一定會比較像我。

　　養成教育太重要了。如果你把這三個基因製成三千個複製人，他們所示現出來的特質，仍然取決於養成教育的因緣條件；思維模式、愛、恨，以及環繞在他或她周圍的工作及學習方式。或許我們之中有些人不願意讓我離去，他們可能會說：「請留下你的一個細胞給我們去複製。」假設我答應了，或許還得附上一句話：「請把這個複製孩子放在加州的鹿苑寺，或者像佛蒙特州

如果你把這三個基因製成三千個複製人，他們所示現出來的特質，仍然取決於養成教育的因緣條件……

（Vermont）的楓林寺（Maple Forest Monastery）這樣的地方，否則他一定會受苦的。」

無我和無常是了悟實相的一種說法，不是實相本身

無常和無我並不是由佛陀傳下來的行持規範，它們是打開實相之門的鑰匙。因為恆常之見是錯的，所以才用無常的教誨幫助我們改變恆常之見。但如果受制於無常之見，我們就尚未證悟涅槃。「有我」的見解是錯的，所以我們才用「無我」的見地來對治它；但如果受制於無我之見，這個見地對我們仍然是不利的。無常與無我本是修持之鑰，它們不是絕對真理，我們不能為它們去殺人或獻身。

佛法裡沒有任何足以讓我們去殺人的觀念或偏見。我們不能因為別人不接受我們的宗教就去殺人。佛陀的法只是一些善巧的方法，而不是絕對真理。因此我們必須認清，無常和無我只是幫助我們通往實相的權宜教示，而不是絕對真理。佛陀說過：「我的法是指向月亮的那根手指，不要以為手指就是月亮。但也因為有了手指，你才看得見月亮。」

無我和無常是了悟實相的一種說法，它們不是實相

無常與無我本是修持之鑰，它們不是絕對真理，我們不能為它們去殺人或獻身。

本身，它們只是工具而不是絕對眞理。無常不是一則使你覺得必須爲它而死的教條。切莫因爲別人的觀念和你的觀念相左而監禁他們，也不要用某種觀念來對抗別的觀念。這些方法只是引導我們通達終極實相的工具。佛法是一條能夠爲我們帶來裨益的善巧道路；它不是狂熱主義之道。佛教徒永遠不可能爲了自己的宗教而浴血苦戰，殺人如麻。就因爲無常之中包含了涅槃的本質，所以我們才不受制於這些觀念。如果你正在研究和修持佛法，就必須從觀念和概念之中解脫出來，這也包括無常之見與恆常之見在內。如此我們才能解脫痛苦和恐懼。這便是涅槃，也就是神的國度。

無我和無常是了悟實相的一種說法，它們不是實相本身，它們只是工具而不是絕對眞理。

涅槃，就是熄滅所有的概念

我們因爲有了生與死、增與減、存在與不存在的概念而感到恐懼。涅槃意謂著熄滅所有的觀念和概念。如果我們能解脫所有的概念，就能連結上我們眞實本性裡的那份祥和。

有八種基本的概念會助長我們的恐懼，分別是生與死、來與去、同與異、存在與不存在。這些概念令我們無法快樂。對治這些概念的傳統法教稱作「八不」，亦

即：「不生、不滅、不常、不斷、不一、不異、不來、
不出。

對快樂抱持執著的想法，快樂的可能性就不大了

　　我們每個人都有一些如何使自己快樂的概念。如果
能重新思考這些對快樂所抱持的概念，將會是非常有益
的事。不妨列出一張清單，看看我們認為可以使自己快
樂的條件有哪些：「如果……我就會快樂了。」把你想
要的以及不想要的事都寫下來。看看這些概念是從哪裡
來的？它們是實相嗎？或許這些都只是你的一些想法罷
了？對快樂抱持執著的想法，快樂的可能性就不大了。

　　快樂來自於各方。若是認為它只能源自於一方，你
就失去了其他的機會，因為你會一直希望它是從你想要
的那個方向來的。你會說：「不跟她結婚的話，我寧願
死掉；我寧死也不能丟掉我的工作、我的名譽；如果得
不到那個學位、那幢房子、那個升遷的機會，我是不可
能快樂的。」你已經在自己的快樂之上附加了許多條
件，但縱使開出來的所有條件都達成了，你還是不快
樂。你會繼續為自己的快樂開出新的條件。你仍然想要
更高的學位、更好的工作、更漂亮的房子。

快樂來自於各方。
若是認為它只能源
自於一方，你就失
去了其他的機會，
因為你會一直希望
它是從你想要的那
個方向來的。

　　政府官員也可能認為自己已經掌握了令國家興盛、使人民快樂的執政方針。政府和國家很可能執著於自己的治國理念，甚至長達百年或更久的時間。在那段漫長的時間裡，它的子民將飽受痛苦。任何一個勇於持反對意見或敢於對抗政府理念的人，都會被監禁起來。他們甚至會被判定為精神失常的人。如果你執著於一份治國理念，很可能會把整個國家都變成監牢。

　　請記住，你對快樂所抱持的概念，很可能是極度危險的。佛陀說過，快樂只能出現在此時此地，所以請深刻地回顧和檢視一下你對快樂所抱持的概念。你可能會發現，目前你生活中的條件已經足以使你快樂了。如此深觀，心中的快樂就會立即生起。

> 如果你執著於一份治國理念，很可能會把整個國家都變成監牢。

---

①三法印：可做為佛教特徵的三種法門。即諸行無常、諸法無我、涅槃寂靜等三項根本佛法。此三項義理可用以印證各種說法是否正確，故稱三法印。

②諸行無常：又作一切行無常印、一切有為法無常印，略稱無常印。一切世間有為諸法概皆無常，眾生不能了知，反於「無常」中執「常」想，故佛說無常以破眾生之常執。

③諸法無我：又作一切法無我印，略稱無我印。一切世間有為無為諸法概皆無我，眾生不能了知，而於一切法強立主宰，故佛說無我以破眾生之我執。

④涅槃寂靜：又作涅槃寂滅印、寂滅涅槃印，略稱涅槃印。一切眾生不知生死之苦，而起惑造業，流轉三界，故佛說涅槃之法以出離生死之苦，得寂滅涅槃。

⑤自性：「自」是時間與空間，「性」是本質或本體，具有不變不改的意思。

⑥赫拉克利特（Heraclitus, 540-470 B.C.）：古希臘哲學家。著有《論自然》一書，現存130多個殘篇。他繼承了米利都學派的傳統，認為火是萬物的本源。萬物由火而產生，又復歸於火，而這種活動是遵循一定規律的。他還提出萬物皆流、無物常住的變動觀，強調事物發展變化的絕對性和永恆性。他的思想在哲學史上產生極其深遠的影響。他還認為一切事物都是由對立面（例如冷熱）所組成的，並由於對立面不斷地相互鬥爭，因此一切事物永遠在變化之中，變化受宇宙理法（Logos，又稱邏各斯，即秩序與理解的原理）所支配，是後世所有辯證法思想的泉源。

⑦龍樹：音譯那伽閼剌樹那、那伽阿周陀那。二、三世紀頃，印度大乘佛教中觀學派的創始人。又稱龍猛、龍勝。為南印度婆羅門種姓出身，後來放棄婆羅門教信仰，廣造大乘經典之注釋書，樹立大乘教學之體系，使大乘般若性空學說廣為傳布全印度。著作極豐，如：《中論頌》、《空七十論》、《十住毘婆沙論》、《大乘二十頌論》等，有「千部論主」之美稱。後世基於師所著中論而宣揚空觀之學派，稱為中觀派，並尊師為中觀派之祖。歐美國家公認他為人類有史以來最偉大的哲學家之一。

第四章
轉化哀傷與恐懼

我們心愛的人還是存在著。他就在我們四周,在我們心中,
對著我們微笑。落入幻象中的我們無法認出他來,所以我們
才說:「他不存在了。」

不著於是非論斷。
不著有無，使你安
然自得。是盈是
缺，月仍舊是月，
而風依然飛舞著。

我是一名來去自如的閒人，

不著於是非論斷。

不著有無，使你安然自得。

是盈是缺，月仍舊是月，

而風依然飛舞著。

我敬愛的人，你感受得到嗎？

召來遠方的雨，潤澤近處的雲，

陽光從天而降灑落大地，

而大地以膝頭輕抵著悠悠蒼穹。

　　　　——一行禪師〈雲〉

　　一個亮麗清朗的日子裡，你抬頭仰望天際，看見一團蓬鬆的白雲緩緩飄過。你欣賞著它曼妙的形狀；陽光照在它上方，使它層次分明，而它又在綠野投下了暗影。你愛上了這朵雲，你想留住它，要它繼續為你帶來快樂，可是它的形狀和色彩卻改變了。更多的雲與它結合在一起，天色暗了下來，開始落雨了。你再也見不到那朵白雲，因為它已經變成了雨。於是你開始哭泣，一心想喚回你心愛的那朵雲。

　　如果你懂得深觀，就不會哭泣了，因為在雨中你依

然看得見那朵雲。

佛法裡有所謂「無相」的教法。「相」指的是事物的表象。修持無相觀，爲的就是不被事物的表象愚弄。一旦能體察到無相的眞諦，我們就會認清表象絕非實相之全體。

當雲轉化成雨的時候，請深觀一下雨水，你會看見那朵雲仍然在那裡對你微笑。這麼做會令你心開意解，使你不再悲泣，因爲你已經不再執著於那朵雲的表象了。如果被自己的哀傷擊垮而長久地悲傷下去，那是因爲你駐留在雲的形貌與表徵了。你受制於過往的表象而無法看見事物的新貌。你無法隨著雲變化成雨或雪。

假如你失去了某位親人而感到悲痛不已，請接受佛陀的邀約。深觀之下你會發現，心愛之人的本性乃是不生、不滅、無來、無去的。這便是佛陀傳授給我們有關眞實本性的教法。

轉化，而不是逝去

讓我們深入地觀察雲的誕生。不妨想像一下那股熱能，觀想一下水蒸氣，看看雲是如何在天空中形成的。你會因此而知曉雲是從哪兒來的。你會明瞭是什麼條件

修持無相觀，為的就是不被事物的表象愚弄。一旦能體察到無相的真諦，我們就會認清表象絕非實相之全體。

如果你愛那朵雲，那麼藉由這份洞識，你將體認到雲的無常。如果你執愛某人，也會因此而體察到他或她是無常的。

促成了雲在天際示現。我們的觀察以及深觀修持，可以幫助我們理解這些事。科學也可以告訴我們雲的形成，以及雲的歷險是怎麼一回事。

如果你愛那朵雲，那麼藉由這份洞識，你將體認到雲的無常。如果你執愛某人，也會因此而體察到他或她是無常的。假設你已經對一朵雲產生了執著，你就得十分小心了。你應該清楚，根據無常的定律，那朵雲很快會變成別的東西。它可能會變成雨。

這時你不妨對雲說：「親愛的雲，我知道你還在那裡，我知道有一天你會死。我也會死。你會變成別的東西，或是另一個人。我知道你會繼續你的旅程，不過我必須深觀，才能認出你的新貌。這樣我就不會那麼痛苦了。」

假設你忘了無常的定律而執著於一朵雲，那麼雲一旦變成雨，你就會開始悲泣：「噢！天哪！我的雲已經不見了。沒有她，我要怎麼活下去呢？」

這時你如果懂得深觀的修持，你會看見雲已經換上了霧或是雨的新貌。雨正在微笑，歡唱著，它從天而降，富含生機，充盈著美。但是你太健忘了，所以無法認出雲的新貌。你深陷在哀傷裡，你不斷地哭泣，然而雨正召喚著你：「親愛的，親愛的，我在這裡，看看我

吧！」可是你一直忽略了雨的存在。這雨不就是那朵雲
的延續嗎？事實上，雨即是那朵雲。

當你看著那朵雲的時候，你或許很想和它一樣飄浮
在天際。能夠像雲一般飄浮在天際，不知有多麼美妙！
你一定會覺得逍遙自在。當你看見雨灑落了下來，歡唱
著，創造出曼妙的音樂，你也會渴望自己就是雨。雨潤
澤了所有的植物以及無數的眾生。能夠成為雨，該有多
麼美好！

你認為雨和雲是相同的，還是相異的？山頂的積雪
是那麼潔白、那麼無瑕、那麼幽美，實在太迷人了，因
此你或許也渴望自己能夠像雪一樣。有時你看著眼前的
溪水，它是那麼清澈美好，你也想和它一樣永不停息地
流著。雲、雨、雪、水，它們是不是四種截然不同的東
西？還是源自於同一個實相，同一種存在的基礎？

無懼是幸福的基礎

在化學裡，我們稱水的存在基礎為H_2O：兩個氫原
子加上一個氧原子。有了這個存在的基礎，分子和其他
的東西就可以示現了：譬如雲、雨、雪、水。身為雲真
是好極了，但成為雨也很好，甚至成為雪或水都很好。

雲、雨、雪、水，
它們是不是四種截
然不同的東西？還
是源自於同一個實
相，同一種存在的
基礎？

雲若是能記住這一點，那麼當雲快要變成雨的時候，它就不會驚恐了。它會記得做為雲雖然是很美的事，但是變成從天而降的雨也是很美的事。

雲如果不受制於生滅、存在或不存在的觀念，恐懼就不會生起。若是從雲的身上學會了這件事，我們就能培養出無懼的精神。無懼本是幸福真正的基礎。只要心中還有恐懼，快樂就無法全然。

修持深觀，你會看見自己的本性是不生、不滅、無存在、無不存在、無來、無去、無同、無異的。一旦看見這個真相，你就能擺脫恐懼了。你會從渴欲和嫉妒之中解脫出來。無懼即是至樂，如果擁有了無懼的洞識，你就自由了。如同所有偉大的解脫者一樣，你將會心安理得隨順生死的巨浪。

> 無懼本是幸福真正的基礎。只要心中還有恐懼，快樂就無法全然。

條件具足，便示現；條件不足，就隱匿起來

萬物的真實本性是不生、不滅、無來、無去的。我真實的本性也是無來無去的。條件如果具足，我就示現出來；條件不足，我就隱匿起來。我哪兒也沒去。我能去哪兒呢？我只是藏起來罷了。

如果你心愛的人剛剛過世，也許很難克服心中的失

落感。你可能會不停地流淚，但還是請深入地觀察。深觀這一劑神奇的解藥，或許能幫助你克服痛苦，使你認清心愛的人是不生、不滅、無來、無去的。

因為我們的誤解，所以我們認為心愛的人「過世」之後就不存在了。我們執著於這個人的形體，諸多面貌中的一種示現，所以這個形體一消失，我們就會感到哀痛不已。

然而我們心愛的人還是存在著，他就在我們四周，在我們心中，對著我們微笑。落入幻象中的我們無法認出他來，所以我們才說：「他不存在了。」我們一遍又一遍地問著：「你在哪裡？為什麼留下我一人孤單地面對生活？」由於我們的誤解，痛苦才會那麼強烈。然而雲並沒有消逝，我們心愛的人並沒有逝去。雲以不同的形式展現自己，我們心愛的人也換上了不同的形體。如果能體認到這一點，我們就不會那麼痛苦了。

雲以不同的形式展現自己，我們心愛的人也換上了不同的形體。如果能體認到這一點，我們就不會那麼痛苦了。

逝去的親人已換上新的形體

若是失去了心愛的人，我們要記住那個人並沒有消失。「有」不會變成「無」，而「無」也不會變成「有」。科學可以幫助我們理解這一點，因為物質是不滅

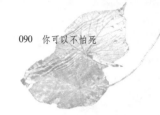

的——它會轉化成能量。能量又會轉化成物質,而且是不滅的。同樣地,我們心愛的人也是不滅的;他已經換成新的形體了。那個形體可能是雲、小孩或是薰風。我們可以在萬物之中看見我們心愛的人。面帶著微笑,我們對她說:「親愛的,我知道你就在我身邊。我知道你的本性是不生不滅的。我知道我並沒有失去你;你永遠與我同在。」

在日常的每個剎那進行深觀,你就會看見你心愛的人。如此修持下去,你一定有能力克服心中的哀傷。父母親如果過世了,情況也是如此。他們真實的本性同樣是不生、不滅、無來、無去的。事實上,你並沒有失去任何一個已經辭世的親人。

河流不再分別或執著於任何一朵雲,它愛所有的雲

我很喜歡說一個有關河追逐雲的故事。有條小溪,它的源頭是山間的泉水。它又小,又年輕,而且急著想進入大海。它不懂得如何安住於當下。它的性子很急,因為它實在太年輕了。它無法體悟「我已經到家了,我早已成就了。」所以它從山間奔流而下,進入平原,變成了一條河。

在日常的每個剎那進行深觀,你就會看見你心愛的人。如此修持下去,你一定有能力克服心中的哀傷。

　　變成河之後，它就必須緩緩地流動了。它感到心急如焚，因為它生怕自己永遠也無法進入到大海裡。但是它被迫放慢速度，所以河水變得很靜。河開始像明鏡一般映照出天空的雲彩——有粉紅色的、銀色的以及白色的。雲彩有各式各樣的形狀。河整天追逐著雲，它對雲的美產生了執著。然而雲是無常的，於是河開始感到痛苦。雲不停地隨風而動，河總是被拋在它們身後。河真是痛苦極了！它一遍又一遍地想抓住那些雲，但是雲不跟它在一起，也不肯靜止下來，令它十分哀傷。

　　有一天，來了一場暴風雨，把那些雲全吹散了。悠悠蒼穹轉眼變成了蔚藍晴空。河真是沮喪極了，它再也沒有雲可以追逐了。天空變成了萬里無雲的晴空，那一片浩瀚無際的藍，讓河的心感到絕望。「失去了雲，生命還有什麼意思呢？失去了我心愛的人，未來還有什麼希望呢？」河很想死，但是河又如何能自殺呢？它哭了一整夜。

　　那一夜，河有了一個諦聽自己哭聲的機會。它的哭聲就是自己的浪拍打著岸邊的聲音。河一旦返照內心、諦聽自己的哭聲，便生起了奇妙的洞識。它突然了悟自己的本性即是雲的本性。它就是雲，雲深埋在它的生命裡。如同河一樣，雲的基礎也是水，雲本來就是水和合

它突然了悟自己的本性即是雲的本性。它就是雲，雲深埋在它的生命裡。

我為什麼要追雲呢？只有在我不是雲的情況下，才有必要追著它跑。

而成的。於是河開始思考：我為什麼要追雲呢？只有在我不是雲的情況下，才有必要追著它跑。

河流體悟到自己就是雲

那一夜的孤獨與絕望喚醒了河，讓它體悟到自己就是雲。清晨的蔚藍晴空曾經令河感到孤單無依，此刻卻變成了一個清澈而明亮、新穎而奇妙的東西。這一片蔚藍，反映了河不久之前才發覺的自由與天真。它體認到悠悠蒼天便是雲的家，而雲是無法存在於天際之外的。河體悟到雲的本性無來無去，因此它為什麼要哭泣？它何須像雲被搶走了一般地悲泣呢？

那個清晨，河有了另一份洞識。它認清天空的本質也是不生不滅的。這份洞識令河感到非常的安詳與平靜。它開始接納蒼天，映照蒼天。在此之前，它從未反映過天空，它只會反映雲彩。現在蒼天日夜都伴隨著這條河。在此之前，河從未認清過事物真實的本性，它只會追逐生滅無常。一旦映照到悠悠蒼天，它就變得安詳而平靜了。它從未如此祥和過。

午後的雲又出現在天際，但河已經不再執著於任何一縷雲彩。它不再覺得其中的某一朵雲屬於自己，它對

著每一朵飄過的雲微笑，接納並深愛所有的雲。

　　河終於感受到平等心所帶來的喜悅。它不再分別或執著於任何一朵雲，它愛所有的雲。它欣賞並映照著每一縷飄過天際的雲。每飄過一朵雲，河就說：「再見，希望很快能看到你。」它的心一直很柔軟，它知道那朵雲將會以雪或雨的面目重現。

　　河自由了，它甚至不覺得自己還有流進大海的必要。那天夜裡，盈滿的月冉冉升起，映照在河底。月亮、河以及水一同冥思。河享受著當下這一刻的自由，它已經解脫了所有的哀傷。

你就是你想變成的那個東西

　　若是追逐某個目標，企圖抓住它，我們就會受苦；若是沒有任何一個目標可以追逐，我們也會痛苦。如果你曾經是一條河，你追逐過雲，你痛苦過，哭泣過，也孤獨過，那麼請握住某個友人的手，一同進行深觀。你會發現，你一直在尋找的那個東西從未消失過；其實那個東西就是你，你自己。

　　你就是你想變成的那個東西，還追尋什麼呢？你自己就是一種奇妙的示現，整個宇宙共同促成了你的生

你就是你想變成的那個東西，還追尋什麼呢？你自己就是一種奇妙的示現，整個宇宙共同促成了你的生命。

命。沒有一件事不是你，神的國度、淨土、涅槃、快樂
和解脫，這些都是你。

過去和現在的我，是同一副身體嗎？

如果我們採用複製技術，人體的每個細胞都能製成
新的身體。這是否意謂著一個靈魂可以複製成許多靈
魂？一個人也可以複製成許多人？但是那些新人類和原
來的人到底是相同的，還是不同的？

科學已經演進到可以複製動物的程度了，很可能人
類也即將被複製出來。舉例而言，假設我們從我的身體
中取出三個細胞，將它們複製成三個人，這三個複製人
加上我自己，會不會變成四個人，還是只有一個人？當
人類被複製出來時，我可能很老了，而這三個複製人的
年紀卻很小。因此我和這三個人是同一個人，還是不同
的人？

如果我們正在練習禪修，不妨藉助正念的力量、專
注的能量和洞察的證量來進行深觀。這樣我們才能把事
情看得更深、更透徹。佛陀就是依照這個方式修持的，
同時他還將他的洞識與我們分享。我們也要像佛陀一樣
地修持，只要用心觀照，我們同樣能獲得如佛陀一般的

一個人也可以複製
成許多人？但是那
些新人類和原來的
人到底是相同的，
還是不同的？

洞識。

　　首先我們應該深觀的是「同」與「異」的概念。假設我們問佛陀：「這副身體和其他三個複製人是同一個人，還是不同的人？」佛陀可能會說：「它們既不是同一個人，也不是不同的人。」

　　無常，意謂著事物永遠在變化。我們以為自己的身體是恆常不變的，事實上，我們的身體一直在生生滅滅。每一刻都有許多細胞在死去，每一刻也都有許多細胞生了出來。

　　我們有一種幻覺，總以為自己的身體永遠都是那一副。你生下來的時候是個嬰兒，你的母親拍下了你小時候的照片，不過現在你已經是成年男子或女人了。你認為自己跟那個小嬰兒是同一個人，還是截然不同的人？

　　你以為五歲時的身體和五十歲的身體是同一個，但是這個觀念是錯誤的。如果你家裡有照片簿的話，請打開來看一看，你會看見自己在六歲時的長相，以及你現在六十歲的長相。你會發現這兩個人的樣子已經截然不同了。他們是不同的兩個人了，但又沒什麼不同。如果那個六歲的孩子不曾存在，這個六十歲的老人也不可能活著。他們既不相同，也不相異。「無常」完全可以解開這個謎。

無常，意謂著事物永遠在變化。我們以為自己的身體是恆常不變的，事實上，我們的身體一直在生生滅滅。

在一個出入息之間，我們已經是截然不同的人了。從我們開始讀這本書的那一刻起，到眼前的這一刻，我們的體內和我們的意識內，已經產生了諸多變化。許多的細胞已經死了；新的細胞又誕生了。我們的意識也是同樣的情況。念頭來來去去，覺受生生滅滅。事物不斷地示現，也不斷地停止示現。我們不可能在兩個剎那之間維持不變。河、火焰、雲或向日葵也是如此。

念頭來來去去，覺受生生滅滅。事物不斷地示現，也不斷地停止示現。

當條件不足時，你會停止示現

深觀一盒火柴，你可以看見火焰。火焰雖然尚未示現出來，但身為一名禪修者，你已經看得見火焰了。讓火焰示現出來的條件早已具足。木材、硫磺、粗糙的面以及我的手，這些條件都具足了。因此當我劃火柴而火被點燃時，我不會說火焰誕生了，我會說火焰已經示現出來了。

佛陀說過，當條件具足時，你就會示現出來。當條件不足時，你會停止示現，為的是以其他的形式、其他的條件示現出自己。

誕生，意謂著從某物中示現出來

　　你認為「誕生」是什麼？多數人會認為，「誕生」意謂著某個從未存在過的東西，突然開始存在了。在我們的觀念裡，誕生意謂著突然從無中生有；從「無人」（No One）突然變成了「某人」（Someone）。大部分的人都會如此替「誕生」下定義。但深觀之下我們卻發現，這個定義並不合理。你不可能從「無」中生「有」，你也不可能從「無人」突然變成「某人」。

　　在所謂的生日之前，你已經存在於母親體內了。因此孩子出生的那一刻只是一種延續罷了。你能不能找到自己從無中生有的那一刻？那是不是你在母親子宮裡受孕的一刻？但這個想法也不對，因為在那一刻之前，還有別的東西存在，也許有一半在你父親體內，另一半在你母親體內；或者三分之一在你父親體內，三分之一在你母親體內，還有三分之一在宇宙裡。許許多多的「某物」早已存在了。假如某物早已存在，它就不需要生出來了。母親臨盆生產的那一刻，並不是孩子真正誕生的時間；那只是它從子宮進入世界的時辰。

　　在禪宗裡我們很喜歡問一個問題：「你的祖母未生之前，你是什麼面目？」對自己提出這個問題，你就會

假如某物早已存在，它就不需要生出來了。母親臨盆生產的那一刻，並不是孩子真正誕生的時間；那只是它從子宮進入世界的時辰。

開始認清自己的傳承。你會發現，你一直都存在著。受孕的那一刻既是一種延續，也是另一種形式的變現。如果繼續深觀下去，你會看見存在的只有不斷的流轉變遷，而沒有生滅。

火焰是從哪兒來的？

　　我可以對火焰說：「親愛的火焰，請你把自己展露出來吧。」我只消劃一根火柴，火焰便應允了我的請求。不過我還想問她：「你是從哪兒來的？」

　　火焰的回答可能是：「親愛的一行禪師，我不是從任何一處來的，也不往任何一方去。當條件具足時，我就展露出來。」此即無來無去的真實本性。

　　讓我們深觀一下燭火的本性。它和那根點燃它的火柴是相同的火嗎？還是不同的火？如果我們讓它燒上一小時，這枝蠟燭就會變得很短。燭火看起來和原來的一樣，只是我們的錯覺罷了。其實每一個剎那，都有無數的火焰在生滅。我們有一種錯覺，好像火焰一直是相同的那個，但事實並非如此。燃料不同，氧也不同了。屋子一改變，當然各種條件都不一樣了，所以火焰也不盡相同了。

燭火看起來和原來的一樣，只是我們的錯覺罷了。其實每一個剎那，都有無數的火焰在生滅。

　　使火焰改變並不需要太多時間。前一秒鐘，滋養火
焰的是蠟燭最上端的蠟油和氧氣；後一秒鐘，前面的蠟
油和氧氣已經燒完了，而新的燃料、新的蠟油和氧氣，
又開始在燃燒。燃料不同，火焰當然也不同了。看著蠟
燭愈燒愈短，你知道它已經消耗了許多蠟油和氧氣，因
此你發現火焰是一直在改變的。和我們一樣，火焰不可
能在兩個刹那之間維持不變。

　　小小的燭火就能使你認清無同無異的存在本質。無
常的本性正埋藏在我們那份錯覺的底端。沒有任何事物
可以在兩個刹那之間維持不變。人類、雲、萬事萬物皆
然。若說十分鐘以前的火焰跟你現在看到的火焰是相同
的，那你就錯了；若說一根蠟燭上有上千個不同的火焰
在不斷地消長，這樣的說法也不正確。火焰真實的本性
是無同無異的。我們如果能穿透同與異的幻覺，便能將
痛苦化成喜悅。

> 火焰真實的本性是
> 無同無異的。我們
> 如果能穿透同與異
> 的幻覺，便能將痛
> 苦化成喜悅。

固定的身分感是一種幻覺

　　佛經裡有一個精采的譬喻。黑暗中有人拿起一束火
把畫圈圈。另一個人站在離他不遠的地方，還以為前方
有一個火圈。但火圈並不存在，存在的只是一個接連一

個的火點。就像恆常不變和固定的身分感一樣，這也是我們的一種幻覺。火圈只是一種概念，它不是眞相，也不能用來描述眞相。分析一下那個火圈，你會看見數百萬個快速生滅的刹那，是它們製造了火圈的印象。

如果用攝影機拍下一個人在舞蹈的影片，我們其實已經拍下了許多個舞蹈的畫面。我們拍下了許許多多的畫面，連續地放映出來，因而造成了舞姿是連貫的印象。這部影片其實是由無數靜止的畫面，一個接一個地貫串起來的。

當我們在看一個人的時候，我們以為眼前有一個不變的「我」或實體。

當我們在看一個人的時候，我們以為眼前有一個不變的「我」或實體。我們以為早上看見的那個實體，到了晚上再見到他的時候，還是同樣的一個實體。若是去別處旅行，十年後回來再見到他，我們還是會認為那是同一個實體。然而這只是個幻覺罷了。

佛經裡有個十分逗趣的故事。某位婦人留了一鍋牛奶給她的鄰居，她說：「請你替我保管這鍋牛奶；我兩三天後就回來了。」那裡沒有冰箱，牛奶不久便凝成了乳酪。婦人回來之後立刻問道：「我的牛奶呢？我留下的是牛奶，不是乳酪，所以這不是我的牛奶。」佛陀說此人根本不懂得無常的道理。牛奶只要幾天沒人管，就會變成乳酪或酸乳酪。那位婦人一心只想著三天前的牛

奶,而拒絕接受眼前的乳酪。你認爲牛奶和乳酪是相同的東西,還是不同的?答案是,它們既不相同,也不相異,牛奶只消幾天的時間就會變成乳酪。有了對無常的洞識,我們才能認清宇宙萬象的眞相,無同且無異的眞實本性。

我們以爲事物是永遠不變的,其實沒有任何東西可以在兩個刹那之間維持不變。固定的身分感也是一種幻覺,而且這個觀念是無法應用在實相之上的。譬如河確實是一種示現,你甚至可以替它冠上稱號,說它是密西西比河。雖然名稱永遠不變,河水卻一直在變。你以爲那條河永遠在那裡等著你,其實裡面的水連一秒鐘都無法維持原狀。哲人說過,你永遠無法在同一條河裡沐浴兩次,這就是在闡明無常的道理。不只佛陀說過這樣的話,連孔子、赫拉克利特,以及其他懂得深觀實相本質的智者,也都說過同樣的話。

> 雖然名稱永遠不變,河水卻一直在變。你以為那條河永遠在那裡等著你,其實裡面的水連一秒鐘都無法維持原狀。

你能不能看到火苗早已存在於火柴盒中了?

某個冬日,聖方濟(St. Francis)①在他的園子裡散步,看見一棵光禿禿的杏仁樹。他走向那棵杏仁樹,一邊覺知著自己的呼吸,一邊請求那棵杏仁樹告訴他有關

上主的事。突然之間，杏仁樹上的花全都開了。我相信
這個故事是真的，因為這樣的默觀方式，確實能讓我們
看見事物深層的真相。他不需要春季的暖意來提醒他杏
花早已存在。

　　我請你以聖方濟和佛陀的雙眼來深觀一盒火柴。我
們也擁有這樣的洞識。你能不能看見火苗早已存在於火
柴盒中了？它雖未顯露出來，但已經在那裡了。深觀之
下你就會看見那個火苗。讓火苗示現出來的條件早已具
足，只有一個條件除外──你劃火柴的動作。只要你能
補足最後那個條件，火苗就會示現出來。

　　當你在劃火柴的時候，請非常留心地做這個動作。
你要觀察其中所有的因緣條件，然後問一問火苗：「親
愛的小火苗，你是從哪裡來的？」當你熄掉它的時候，
也要問它：「你到哪兒去了？」我們以為前一刻才誕生
的火苗，此刻已經熄滅了，但真的有一個與我們分隔開
來的地方，可以讓火苗去嗎？我不認為如此。

　　佛陀說事物是無來無去的。哲人在這個問題上已經
探討過無數次，也費了無數的紙張、墨水和唇舌，企圖
找出解答。其實，如果以佛陀的雙眼深觀，你就會看見
答案了。

其實，如果以佛陀
的雙眼深觀，你就
會看見答案了。

你和父親到底是同一個人，還是不同的人？

實相也被稱作「如如」。「如如」意謂著「就是如此」。你無法以概念來描述它，特別是生與死、存在與不存在、來與去的概念。沒有任何語言、理念或觀念可以描述實相：花的實相，房子的實相，眾生的實相。

如果你正在生父親的氣，你可能會說：「我不想再跟他有任何關係了！」多麼驚人的一句話！你難道不明白你和父親都屬於同一個實相嗎？你就是他的延續，你就是他。深觀之下，你和父親到底是同一個人，還是不同的人？我們的本性是無同無異的。你和父親既不是同一個人，也不是不同的人。

當你在劃一根火柴的時候，深觀之下你會發現，它既不從任何一處來，也不往任何一方去。如果用火柴上的火苗點燃一枝蠟燭，那麼這枝蠟燭上的火焰跟火柴上的火苗是相同的，還是不同的？如果你還有第二枝蠟燭，也請你將它點燃。你可以問一問這三個火焰到底是相同的，還是不同的。

深觀其中一枝蠟燭的火焰我們會看見，「無同無異」的概念不只能應用在兩個不同的燭火上，還可以應用在點燃它們的那個火苗上。這一刻的火焰和下一刻的火焰

我們的本性是無同無異的。你和父親既不是同一個人，也不是不同的人。

既不相同，也不相異，因為它的每一個刹那都是獨特的。下一刻火焰示現出自己的方式已經截然不同了。

　　物或人的示現不能只靠一個條件；它必須仰賴許多的因緣條件。所以，單一之因即能造成果的觀念是錯的。一個單獨的因絕不足以促成事物的顯現。

　　當我們在默觀火焰時，我們並沒有深入觀察所有的因緣條件。我們只知道火焰是由火柴棒、木材和燃料所促成的。缺少了燃料，確實沒有一樣東西能存在，但燃料只是其中的一種元素，一個條件。火焰要示現出來，必須具足所有的因緣條件。如果空氣中沒有氧，火焰是不會燃燒太久的。火焰必須仰賴木材、燭芯和氧氣。火焰早就存在於火柴盒中了。它不需要被誕生出來，當條件具足時，它自然會顯現。

　　我們現在也許只是個十二歲的男孩或女孩，所以我們還沒有自己的子女。但是在我們的生命中，所有可以促成子孫示現的條件，都早已具足。剩下的只有靜待時間和因緣了。

用手觸摸一張紙，就等於在觸摸森林裡的大樹

　　無來，無去，

火焰早就存在於火柴盒中了。它不需要被誕生出來，當條件具足時，它自然會顯現。

　　無後，無前。

　　我緊緊地擁住你，

　　我釋放你讓你自由；

　　我中有你，

　　而你中有我。

　　無來無去乃是實相真正的本性。你不從任何一處來，也不往任何一方去。玫瑰、雲朵、山、星辰、地球——萬物皆然，它們的本性都是無來無去的。死亡並不意謂從「有」變成「無」，誕生並不意謂從「無人」變成了「某人」。事物的顯現必須仰賴足夠的條件，而事物停止顯現，也必須仰賴條件的不足。

死亡並不意謂從「有」變成「無」，誕生並不意謂從「無人」變成了「某人」。

　　在這張紙上寫下的這些字是有歷史的。你手上這本書的這一頁在一瞬間便形成了，但這並不意謂那一刻便是它的生辰。它早就以陽光、樹幹、雲和大地的形式存在了。它從工廠印出來的那一刻，只是它示現出來的時辰罷了。

　　因此我們應該問它：「親愛的紙，未生之前你存不存在？」這張紙的回答可能是：「沒錯！我是存在的，我是以樹的形式、陽光的形式、雲和雨的形式、礦物和大地的形式存在的。我變成一張紙的那一刻只是一種延

續罷了。我不是無中生有的。我來自於宇宙。我曾經是一棵樹、一片雲，我也曾經是陽光和土壤等等的東西。」

　　深觀這張紙，你仍然看得見樹、雲以及陽光的蹤跡。你無須真的回到過去。這便是成為禪者的好處：你不需要去實地遊歷。你只要坐在那裡深觀一切，便能洞悉所有的事物。這張紙條已經包含了宇宙所有的信息，有關雲、陽光、樹和大地的信息。如果你把其中的一個元素交還給它的源頭，這張紙就不可能存在了。如果你把陽光送還給太陽，森林和紙也不可能存在了，這就是為什麼陽光本是存在於紙之中的。當你觸摸這張紙的時候，你同時也觸及了陽光、雲、雨、大地和整個宇宙。一物即全體。

　　用手觸摸這張紙，你可以感覺到裡面的雲，缺少了由雲變成的雨，這張紙是無法存在的。所以用手觸摸一張紙，就等於在觸摸森林裡的大樹。我們的手可以在紙張上摸到太陽以及地球所有的礦物。若是以醒覺之心深觀這張紙，我們就能看見存在的整體。

　　深觀這張紙，我們會看見整個森林。缺少了森林，樹就不存在了。缺少了樹，我們就造不出紙了。這張紙並不是無中生有的；它源自於樹這類的東西。但樹還不足以造出這張紙。陽光滋潤了樹；雲灌溉了樹；土壤、

用手觸摸一張紙，就等於在觸摸森林裡的大樹。我們的手可以在紙張上摸到太陽以及地球所有的礦物。

礦物和其他無數的事象，都在促成這張紙的示現。此外我們還需要一個伐木工人，爲伐木工人做三明治的廚子，以及僱用伐木工人的公司老闆，這些人都存在於這張紙之內，他們和這張紙是一體的。

你也許會認爲，我怎麼可能從這張紙中認出森林來？森林是在這張紙之外的。但你如果把森林或雲從這張紙裡除去，這張紙就會四分五裂。假設沒有雲，也沒有從雲變成的雨，樹怎麼可能長大，我們又如何能製造紙漿來造出一張紙呢？

這張紙沒有生日，你也沒有生日。你在未生之前早已存在了。下次你慶生時，也許可以把生日歌改成「祝你續日快樂！」如果生日眞的是一個續日，那麼你所謂的死亡之日也是一個續日。你若是精進地修持，死亡來臨的那一刻，你就會唱出「續日快樂歌」。

> 假設沒有雲，也沒有從雲變成的雨，樹怎麼可能長大，我們又如何能製造紙漿來造出一張紙呢？

你在這裡拍手，可能會影響到另一個遙遠的星球

你不妨試著讓一張紙消失，看看有沒有可能？點一根火柴把這張紙燒掉，看看它會不會消失，還是會變成別的東西。這不只是一個理論，這是我們可以證實的一件事。當你在劃火柴的時候，請同時吸氣和吐氣，然後

親自目睹那張紙的轉變。你可以一邊點火，一邊留意那火焰並不需要被誕生出來，只要條件具足，它自然會示現給我們看。你可以一邊燒著那張紙，一邊看著它冒出來的煙。它的熱度足以燒傷你的手指。請問現在紙到哪兒去了？

以正念隨觀它的話，你會看見那張紙正在以其他的形式延續下去。

若是燒掉一張紙，那紙的形貌就不見了。但是以正念隨觀它的話，你會看見那張紙正在以其他的形式延續下去。其中的一個形式便是煙。從這張紙裡生起的煙，將會加入天空裡早已存在的那一兩朵雲。現在它已經加入了雲的行列，所以我們可以和它告別了：「紙兒再見了，希望很快能看到你。」明天，下個月，雨也許就會落下來，而其中的一滴很可能會打在你的額頭上。那一滴雨便是你的那張紙。

紙的另一個形貌可能是灰燼。不妨將這灰燼送還到土壤裡。當它返回土壤時，大地就變成了這張紙的延續。或許隔年你會看到，紙又以小花或小草的形式延續了下來。這便是那張紙的來生。

在燃燒的過程中，那張紙同時也變成了熱能。縱使當時你並不是很靠近火焰，那股熱能還是滲入了我們的體內。現在你的體內已經帶著那張紙的元素了。那股熱能同時也滲透了整個宇宙。假如你是一名科學家，擁有

非常精良的儀器，你甚至可以從遙遠的星球和星際，測試到這股熱能的各種效應。這些效應都是那張紙的延續。我們不知道這張紙還會進一步轉變成什麼東西。

科學家說，如果你在這裡拍手，很可能會影響到另一個遙遠的星球。我們這裡發生的事可能會影響到遙遠的銀河，而遙遠的銀河也可能會影響到我們。每一樣事物都受到其他事物的影響。

你從未誕生過；你已經存在很久很久了

禪修，意謂著接受邀約踏上深觀之旅，爲的是覺察我們眞實的本性，並且認清我們什麼都沒失去。有了這份認識，我們就能克服恐懼。無懼是禪修帶給我們最大的一份禮物。有了它，我們才能超越哀傷和痛苦。只有「無」才可能來自於「無」。「有」是不可能來自於「無」的，而「無」也不可能來自於「有」。如果某個東西早已存在，它就不需要被生出來了。誕生的那一刻只是一種延續罷了。你所謂「生日」的那一天，每個人都認爲你是一個剛生下來的嬰兒，然而，在「生日」那天之前你早就存在了。

我們觀念裡的「死亡」，意謂著你突然從「有」變成

只有「無」才可能來自於「無」。「有」是不可能來自於「無」的，而「無」也不可能來自於「有」。

了「無」；你突然從「某人」變成了「無人」——這是一個很恐怖的觀念，而且是毫無道理的。如果某個東西從未誕生出來，它是否會在某個時刻死亡呢？你能夠將那張紙從「有」變成「無」，或者讓它消失嗎？

我可以證明那張紙從未誕生過，因為「誕生」意謂著從「無」中突然生出了「有」，從「無人」突然變成了「某人」。這個概念與實相不符。你真正的本性是無生的；那張紙的本性也是無生的。你從未誕生過；你已經存在很久很久了。

其實你一直都在那裡

小時候你也許很喜歡看萬花筒，你的手指每動一下，它就會現出奇妙的色彩和圖形；再動一下，你看到的圖形又變了。它真是美極了，但很快就不一樣了。你可以說萬花筒裡的圖形一直在生滅，但身為小孩的你，不會為了那一類的生滅而哀悼。你會繼續為眼前所看到的各種色彩和形狀而雀躍。

如果能回歸到不生不滅的存在基礎，我們就不再恐懼了。這才是快樂真正的根基。只要心中仍有恐懼，快樂便無法全然。觀世音菩薩曾獻給我們一本《心經》，從

萬花筒裡的圖形一直在生滅，但身為小孩的你，不會為了那一類的生滅而哀悼。你會繼續為眼前所看到的各種色彩和形狀而雀躍。

經典中我們體認到實相即是「如如」。它不受制於生滅、來去、存在與不存在、增減或垢淨。我們的心中充滿了這些概念。因爲受制於這些概念，我們才感到痛苦。我們眞正的解脫就是從這些概念之中解放出來。你到禪修中心來，也是爲了要減輕痛苦。你希望得到一些紓解，然而最大的紓解只有在察覺自己的眞實本性時才能達成，而這份本性是不生不滅的。這便是佛陀送給我們最深的一則教法。

最大的紓解只有在察覺自己的真實本性時才能達成，而這份本性是不生不滅的。

沒有「誕生」，只有「示現」

看一看花園裡正在生長的向日葵。向日葵必須仰賴許多元素才能示現出來。這朵花裡已經藏有了雲，因爲沒有雲，就不會有雨，沒有雨，向日葵就長不出來了。陽光也藏在向日葵裡。我們都知道，缺少了陽光，什麼東西都生不出來；當然向日葵也不存在了。我們在這朵花裡看見了大地，看見了礦物，看見了農夫，看見了園丁，也看見了時間、空間和理想，以及成長的意願和其他的元素。因此，向日葵必須仰賴許多的因緣條件才能示現出來，只有一個條件是不夠的。我喜歡「示現」（Manifestation）一詞多於「誕生」（Birth），我也比較喜

歡用它來代替「創生」（Creation）。在我們的觀念裡，創生通常意謂著無中生有。種向日葵的農人並沒有創造出向日葵，深觀之下你會發現，農人只是讓向日葵示現出來的許多條件之一。你必須先把向日葵的種子儲藏在穀倉裡，外面還得有適合種植向日葵的田地，天上的雲必須製造出雨，此外還得有肥料，以及能促進向日葵生長的陽光。你這位農夫並不是向日葵真正的創造者，你只是其中的一個因緣條件，可是缺少了你，向日葵還是無法示現出來。不過其他的條件也都是必要的。就向日葵的示現而言，所有的條件都同樣重要。

　　如果你在七月份來到梅村，你會看見四周的山丘上長滿了向日葵。成千上百的向日葵都面朝東方，露出燦爛的笑容。如果你在四、五月份來到這裡，山丘還是光禿禿的，但是農人走過他們的田野時，已經看得見向日葵了。他們知道向日葵的種子早已播下，幾乎每個條件都具足了。農人已經播下了種子；土壤也準備好了，可只有一個條件還不具足：六、七月份的和暖氣候。不能因為某個東西示現出來，你就說它是存在的；不能因為它尚未示現或停止示現了，你就說它不存在。存在與不存在不適用於實相。深觀之下你會發現，實相是不受制於生滅、存在或不存在的。

不能因為某個東西示現出來，你就說它是存在的；不能因為它尚未示現或停止示現了，你就說它不存在。

　　保羅・提利西（Paul Tillich）②說過：「造物主就是存在的基礎（God is the ground of being.）。」這裡的「存在」不該與「不存在」的反面詞混為一談。我請你深觀「存在」這個概念，目的就是為了幫助你從存在的概念解脫出來。

---

①聖方濟（Francis of Assisi, St.，1181？-1226）：義大利天主教方濟托缽修會創始人。1210年創立放棄世俗財產的引修制度，後即成為方濟會的清寒生活方式。此修會神恩特重於福音聖訓、貧窮生活，和推動天、地、人的交融，並在十字軍時期主動擁抱回教領袖，著有《太陽歌》等傳世。又與聖女佳蘭創修女會，羅馬教會奉方濟為生態學主保。據說，1224年他身上顯現出「耶穌五傷」，1228年證為聖徒。聖方濟把野獸和禽鳥均視為兄弟姊妹，所以繪畫中常以鳥獸與他為伍。

②保羅・提利西（1886-1965）：德國現代基督教神學家，以「相互關係」（Correlation）的神學研究方法著稱，並據此築構其系統神學。他的神學介於自由主義和新正統派、理想主義與現實主義、誓反教（基督新教）和羅馬天主教之間。對他而言，神學做為真理，在於基督信息之描述，和每一新世代的詮釋，並以神的話（道或聖言）來回答哲學問題。主要著作為《系統神學》（*Systematic Theology*）。

我心教言

敦珠法王的智慧心語

作者／敦珠仁波切 (Dudjom Rinpoche)
譯者／普賢法譯小組
定價／380元

藏傳佛教寧瑪派的領袖——敦珠仁波切

怙主敦珠仁波切是二十世紀西藏史上最重要的大伏藏師之一，並由達賴喇嘛尊者正式認證為寧瑪派的領袖。本書彙集作者給予弟子的一系列開示，其中最早的一場記錄於一九六二年，其餘大部分開示則是於一九七○年間分別在東、西方國家講授。本書數十年來出版過不同版本，內容歷久彌新，此次為普賢法譯小組的全新中譯本。

橡樹林

龍神卡
開啟幸福與豐盛的大門

38張開運神諭卡+指導手冊+卡牌收藏袋

作者／大杉日香理　繪者／大野舞（Denali）
譯者／張筱森
定價／899元

—來自日本龍神的強大後援力量—
和龍神結緣交好，讓你的人生從此閃閃發亮！

許多地球上的龍神，不斷發送希望我們察覺的信號……

在日本，龍神自古以來一直是和人們很親近的神祇，時常被雕刻在神社或寺廟。舉凡工作、戀愛、交友……龍神皆為人生的各個層面牽起人與人之間的緣分，並成為我們靈魂成長與發展的後援。透過牌卡，我們能輕鬆得知龍神給予的提示與能量，察覺自身的各種變化。

延伸閱讀

日本神諭占卜卡：
來自眾神、精靈、生命與大地的訊息（精裝書盒+53張日本神諭卡+牌之奧義叢書+卡牌收藏袋）
定價／799元

水晶寶石 光能療癒卡
（64張水晶寶石卡+指導手冊+卡牌收藏袋）
定價／1500元

業力神諭占卜卡 ——
遇見你自己，透過占星指引未來！（精裝書盒+36張業力神諭卡+卡牌收藏袋+說明書）
定價／990元

第五章
新的開始

他仍然以數千種的方式在示現他自己。如果你不夠留意,你
就會忽略他。清晨當你行禪時,你會發現他正以一朵小花、
一滴水、一首鳥兒的歌唱或是在草叢中玩耍的孩子,示現出
他自己。

耶穌未降生之前在哪裡？多年來我一直在問我的基督徒朋友這個問題。若想深觀這個問題，就必須從「示現」的角度來探索耶穌的生與死。耶穌基督未降生之前並不是不存在的。耶穌不是在伯利恆降生的。「耶穌降生」這個事件只是一種「示現」；在他誕生的那一刻之前，他早已存在了。我們不該稱之為「降生」，因為那只是一種示現罷了。抱持著對「示現」的認識來看待這件事，我們才有機會深觀耶穌這個人。我們才能發現令他不朽的真相是什麼，同時我們也會發現自己那不生不滅的真實本性。

基督徒說，上帝差遣它的獨生愛子來到人間。既然上帝早就存在了，而耶穌又是上帝的一部分──上帝的愛子，所以耶穌也早就存在了。聖誕節，耶穌基督誕生的那一天，並不是他降生的日子，而是他示現出來的日子。這一天只是他顯現於人間的時辰罷了。

耶穌基督仍然以數千種的方式在示現他自己。他正應化在你的周遭，不過我們必須十分警覺，才能認出他的樣子。如果你不夠留意或專注，你就會忽略他，忽略他的應化身。清晨當你行禪時，你會發現他正以一朵小花、一滴水、一首鳥兒的歌唱或是在草叢中玩耍的孩子，示現出他自己。我們必須十分留意，才不會忽略這

耶穌基督仍然以數千種的方式在示現他自己。他正應化在你的周遭，不過我們必須十分警覺，才能認出他的樣子。

些事物。

根據佛陀的教法和了悟，我們都共享不生不滅的本性。不只是人類，還有動物、植物及礦物，也都共享著不生不滅的本性。一片葉子和一朵花的基礎都是不生不滅的。一花、一葉或是一片雲，都有示現出來的機會。冬季裡我們看不見任何向日葵或蜻蜓，也聽不到布穀鳥的歌聲。看上去它們好像都不存在於冬季似的，可是我們知道這個想法是錯的，因為春天一到，這所有的生命都會再度出現。冬季裡，它們只是跑到別處去了。它們以別種方式在展現自己，直到因緣具足時，才又「示現」了出來。說它們在冬季裡是不存在的，乃是一種錯誤的觀念。

一片葉子和一朵花的基礎都是不生不滅的。一花、一葉或是一片雲，都有示現出來的機會。

「死亡」，並不意謂「消失」

我們必須提出另外一個問題。如果耶穌沒有降生，他又怎麼會死亡？雖然他被釘上了十字架，可是他真的消失了嗎？耶穌需要復活嗎？

被釘上十字架時，他也許並沒有死亡？那會不會是一種隱匿呢？他真正的本性是不生不滅的。不只耶穌擁有這份本性，雲也有，向日葵也有，你和我都有這份本

性。我們都是不生不滅的。就因為耶穌不受生滅的限制，我們才稱他為永存的基督。

　　從示現的角度深觀萬物，才是真正的智慧。如果某個和你非常親近的人過世了，而你說他或她已經不存在於人間，那你就錯了。從「無」中不可能生出「有」，從「無人」不可能生出「某人」，從「有」也不可能變成「無」。你不可能從某人變成無人，這便是真理。如果一個和你很接近的人不再以你所熟悉的形態示現，那並不意謂他不存在，也不意謂他不在那裡了。如果你能深觀的話，你會察覺他或她已經用其他的形式在示現自己。

如果一個和你很接近的人不再以你所熟悉的形態示現，那並不意謂他不存在，也不意謂他不在那裡了。

　　有一天我握住一位年輕父親的手，他剛剛埋葬了他的兒子。我邀他和我一同行禪，一起深觀他的小兒子已經在藉由其他形式示現自己了。

　　他的兒子很小就來過梅村，所以早已體會了吃素的樂趣。他把他的零用錢和剩餘的錢都交給我，要我為他買一棵梅樹，並且要親自為他種植。他想參與援助飢餓兒童的工作，方法就是在梅村種下一棵梅樹。他知道一棵梅樹會生出許多梅子。他知道我們可以把這些梅子賣掉，然後把錢寄給第三世界的飢餓兒童。他學會了行禪和坐禪，而且在佛法的修持上有很大的進展。他生病時，我去波爾多（Bordeaux）的醫院看望他。他對我

說：「和尚爺爺，讓我行禪給你看。」他從床上下來，雖然身體非常虛弱，還是走得很美。我離開後不久，他就過世了。火化的那一天，我為他灑淨①，也為他誦了《心經》。一週之後我握著他父親的手一同行禪，我為他指出，他的孩子已經示現出許多不同的新貌了。我們一起去看我為孩子種下的那棵梅樹。在午後的陽光下，我們一同靜坐，我看見他的小兒子正透過每一個花蕾和枝芽，向我們招著手。

深觀實相，你會發現許多事情。你可以克服各種的痛苦，逆轉諸多錯誤的見解。如果能安住於終極次元，我們就不會深陷在痛苦、哀傷、恐懼和絕望裡。

如果能安住於終極次元，我們就不會深陷在痛苦、哀傷、恐懼和絕望裡。

隨時隨地讓自己重生

從終極實相的角度而言，我們從未誕生過，我們永遠也不會死亡。從歷史的角度來看，我們卻是健忘的，而且很難活得朝氣蓬勃。我們活得如同死人一般。

在卡繆（Albert Camus）②的《異鄉人》（*L'etranger*）這本書中，主角因為絕望、憤怒而舉槍殺死了某個人。他因自己的罪行被判處死刑。有一天他躺在牢房的床上，仰望著頭頂上方的一塊四方形的天窗。他從未以這

種方式看過天空。卡繆稱這一刻為意識的覺醒，亦即產生正念和覺察的那個當下。對這名被宣判死刑的男子而言，這是他此生第一次真的覺知到天空，而且體認到它是那麼的奇妙。

從那一刻起，他一直渴望自己能保持這份清醒的覺知，他深信這是唯一能令他活下去的力量。距離行刑的日子只剩下三天了，他獨自一人在牢裡練習如何保持覺知，不喪失正念。他發誓在剩下的三天裡，每一分鐘都要充分活在正念裡。最後一天來了一位神父，為他行告別儀式，這位死刑犯不想浪費他的時間接受這項聖禮。起初他一直拒絕，最後他終於打開門讓神父進來。神父離開後，這名犯人對自己說：那個神父活得就像死人一樣。他在這位神父身上一點都看不見正念和覺察力。

如果缺乏覺知，生命就如同死亡一般。這種存在的方式不能稱作「活著」。有許多人的生活就像行屍走肉一樣，因為我們太不清醒了。我們拖著一副死氣沉沉的身體，心卻不停地打轉。我們不是瞻前，便是思後，再不然就是被自己的計畫或是絕望及憤怒所縛。我們並不是真的在生活；我們並沒有覺察到活著是一種奇蹟。雖然卡繆從未學過佛，他的小說卻談到了佛教修持的精髓——當下的覺醒，深刻的覺察與覺知。

> 如果缺乏覺知，生命就如同死亡一般。這種存在的方式不能稱作「活著」。

　　我們可以隨時復活或重生。我們的修持就是不斷地使自己復活，藉由呼吸和行禪的正念修持，不斷地回到身心之上。這麼做，將會使我們的生命安住於此時此地。這樣我們就能重新活過來，如同死裡復生一般。我們解脫了過去，我們解脫了未來，我們終於能安住於此時此地，而且是充滿朝氣的。這便是佛教的基本修持方式。不論是吃、喝、呼吸、行走或坐著，你都可以讓自己復活，讓自己安住於此時此地——完全醒覺，充滿著朝氣。這才是復活的眞諦。

我們只能活在當下這一刻

> 我已經抵達終點，回到家了。
>
> 此時，此地，
>
> 我已經圓滿，解脫。
>
> 在終極實相裡，我安住了下來。

　　如果我們花許多的時間擔憂昨日發生過的事，以及明天將會發生的事，我們是不可能享受人生的。我們為明天擔憂，因為我們恐懼。如果我們一直在恐懼，就無法珍惜自己的生命，感受到當下的喜悅。

如果我們花許多的時間擔憂昨日發生過的事，以及明天將會發生的事，我們是不可能享受人生的。

我們永遠都在追尋
更好的東西，更能
令我們快樂的條
件。我們逃避眼前
正在發生的事，而
總想找到令我們更
穩定、更安全的事
物。

在日常生活的過程裡，我們總以為未來才會快樂。我們永遠都在追尋更好的東西，更能令我們快樂的條件。我們逃避眼前正在發生的事，而總想找到令我們更穩定、更安全的事物。我們對未來可能發生的事一直感到擔憂。我們害怕自己會失業，失去財物，失去心愛的人，所以一直在等待那個美妙時刻的來臨——未來的某一刻，到了那個時刻，所有的事才能稱我們的心，如我們的願。

但是我們只能活在當下。佛陀說過：「當下是我們唯一擁有的一刻。在當下這一刻快樂地生活，是可以辦到的事。」

一旦返回到此時此地，你就會發現，使你快樂的條件早已具足了。正念修持便是要回到此時此地，深入地覺知自己，覺察人生。要做到這一點，我們必須訓練自己。即使我們的智力很高，道理能夠一聽就懂，還是得訓練自己，才能以這種方式過生活。我們必須訓練自己才會發現，快樂的條件我們早已具足了。

真正的家就在此時此地

我們真正的家就在此時此地。過去已經消逝，未來

尚未出現。「我已經抵達終點，回到家了。家就在此時此地。」這便是我們修持的成就。你可以在行禪和坐禪時默念這首偈子，進辦公室也可以默念它。此刻你也許還未抵達辦公室，但即使在開車的途中，你已經到家了：在當下這一刻。抵達辦公室的那一刻，便是你真正的家。進入自己的辦公間，你的心也是安住在此時此地的。只消在心中默念：「我已經抵達終點，回到家了。」就能令你感覺到無比喜悅。不論是坐著、行走、在園子裡澆菜、餵孩子吃飯，我們都可以在心中默念：「我已經抵達終點，回到家了。」我不再東奔西跑，我跑了一輩子了；現在我決定停下來，開始過真正的生活。

你還在等待什麼？

有一首法文歌名叫〈你還在等待什麼才能感到快樂？〉（*Qu'est-ce qu'on Attend Pour Etre Heureux？*）。每吸一口氣，我就對自己說：「我已經抵達終點了。」我完全安住於當下，百分之百地覺醒。當下這一刻便是我真正的家。

呼氣時我也對自己說：「我已經到家了。」若是不覺得自己已經到家了，就會繼續東奔西跑，繼續恐懼下

我已經抵達終點，回到家了。家就在此時此地。

能活在當下這一
刻，生活裡才會出
現真正的快樂。

去。可是如果覺得自己已經到家了，就不再需要東奔西
跑。這個修持方法的奧祕就在這一點上。能活在當下這
一刻，生活裡才會出現真正的快樂。

對地球感恩

　　多年來我一直喜歡說一個故事。有兩名太空人上了
月球，抵達月球時他們出了一點意外，他們發現攜帶的
氧氣只夠用兩天的時間。這時已經不可能從地球派人來
救援他們，他們只有兩天可活了。在這段期間你如果問
他們：「你們最深的願望是什麼？」他們一定會說：
「回家，在美麗的地球上漫步。」能實現這個願望，對他
們而言已經足夠了；他們不再想要別的東西，他們不會
再想成為大公司的主管、名人，或是美國總統。除了回
到地球之外，他們什麼也不想要了，他們只想在地球上
漫步，享受自己的每一個步伐，傾聽萬籟之聲，握著愛
人的手一同默觀月球。

　　每天的心情都應該像被救回來的太空人一樣。我們
此刻是活在地球上，我們應該覺得在這個美麗而珍貴的
星球上漫步，才是真正享福的事。臨濟禪師③曾經說
過：「在水上行走並不是奇蹟，在路上行走才是一件奇

妙的事。」我十分珍惜這句開示。我很享受走路這件
事，即使在機場和火車站這麼繁忙的地方也一樣。我們
走路的時候，每一步都要像在撫慰大地一般，我們要鼓
勵別人也嘗試看看。這樣一來，我們就能享受我們的每
一分鐘了。

我們走路的時候，
每一步都要像在撫
慰大地一般……

①灑淨：開壇講法前以淨水灑於壇場內外、上下及四方。以此淨水功力，所到之處皆
　成結界，其用意為灑於一切眾生之心地，使淨菩提心之種子得以生長。
②卡繆（1913-1960）：法國存在主義作家，生於阿爾及利亞。第二次世界大戰積極參
　與法國抵抗運動。後與沙特（Satre）共同主編左翼報紙《戰鬥報》。以虛無主義小
　說《異鄉人》（1942）馳名於世，他的另一名著為《瘟疫》（1947）。1957年獲諾貝
　爾文學獎。最後死於車禍。
③臨濟禪師（？～867）：即臨濟義玄，臨濟宗之祖。唐代人。宣宗時住於臨濟院，
　設三玄三要、四料簡等機法接引徒眾，更以機鋒峭峻著名於世，別成一家，逐成臨
　濟宗。師接化學人，每以叱喝顯大機用，世有「黃檗棒、臨濟喝」之稱。其對參禪
　行者極為嚴苛，然學徒奔湊，門風興隆，為我國禪宗最盛行之一派。

第六章
極樂世界的地址

你快樂的程度，往往取決於你的心自由到什麼程度。這裡所謂的自由，並不是政治上的自由；而是指從懊悔、恐懼、焦慮和哀傷之中解脫出來，「我已經抵達終點，回到家了。家就在此時此地。」

如果你想知道上帝、佛陀和所有偉大的人都住在哪裡，我可以告訴你答案。他們的住址如下：此時此地。它具有你需要的一切東西，包括郵遞區號在內。

你如果能隨觀自己的呼吸，行禪時心裡默念著：「我已經抵達終點，回到家了。家就在此時此地。」你會發現自己立刻變得穩定而自在了起來。你終於能安住在當下這一刻，你真正的家。沒有任何事能令你再東奔西跑，或是讓你感到恐懼了。你不再擔憂過去。你不再設想未來會發生自己無法掌控的事。你已經釋放了那份為過去的事而掛心的內疚感，同時也解脫了對未來的憂慮。

你快樂的程度，往往取決於你的心自由到什麼程度。

只有少數人能真正活得快樂。你快樂的程度，往往取決於你的心自由到什麼程度。這裡所謂的自由，並不是政治上的自由；這裡的自由指的是從懊悔、恐懼、焦慮和哀傷之中解脫出來，「我已經抵達終點，回到家了。家就在此時此地。」

「我圓滿了，我自由了。」一旦返回到此時此地，心中就會生起這種感覺。你不是在試圖說服自己——你真的會認識它；你會感受到它。能夠做到這一點，心就安了。你會經驗到涅槃、神的國度，或是任何一種你喜歡的稱謂。就算你心中沒有太多的擔憂，若是無法感受

到安全與自由，如何能真的快樂呢？在當下這一刻培養
安全感和自由，是我們能送給自己最貴重的一份禮物。

安住在終極實相裡

「在終極實相裡我安住了下來。」終極實相本是我
們存在的基礎。終極實相、上主或聖境，並不是和我們
隔絕開來的東西，我們隨時都在它裡面，它並不是遠在
天邊的某個地方。我們必須活在真正的內心之家，才能
安住於終極實相，生活在終極實相裡。

那就像是海浪與海水的關係一樣。我們如果觀察海
浪，可能會覺得海浪似乎有始有終，浪潮似乎有高有
低。某一波浪潮看起來很像另一波浪潮，但也可能很不
像，不過海浪畢竟都是由水和合而成的，水就是海浪的
基礎。海浪既是浪，也是水。海浪或許有始有終，有大
有小，但水卻是無始、無終、無上、無下、無此、無彼
的。海浪一旦領悟和體認到這一點，她就從始末、上
下、大小、此彼之中解脫了。

從歷史次元來看，我們有時間和空間，和一組一組
的對立物：對與錯、幼與長、來與去、淨與垢，我們都
期待開端而害怕結尾。但在終極次元裡並沒有這些東

終極實相、上主或
聖境，並不是和我
們隔絕開來的東
西，我們隨時都在
它裡面，它並不是
遠在天邊的某個地
方。

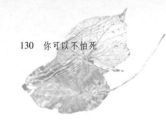

西，那裡沒有始末，也沒有前後。終極實相是讓歷史面實現的基礎，它是事物的源起，存在的不滅源頭；它就是涅槃，就是神的國度。

我們的根基是涅槃，是終極實相。你也可以稱之為神或神的國度。它就是我們的水。你既是浪，也是水；你有歷史面，也有終極面。一旦能體悟我們真實的本性是無來無去的，恐懼就會離我們遠去，悲傷和苦難也會自然而然消除。

海浪不需要藉由死亡而成為水，她此時此刻已經是水了。我們也不需要藉由死亡而進入神的國度，因為神的國度就是我們此時此刻的基礎。我們這一生的修持就是要見到和察覺日常生活裡的終極次元，不生不滅的實相。只有這樣的修持，才能完全去除我們的恐懼和痛苦。與其說：「我安住在終極實相裡。」你也許更喜歡說：「我住在神的國度裡。」或是「我住在佛的淨土中。」

淨土不在彼岸；它就在此時此地

假設有人開噴射機送你去神的國度或是佛的淨土。當你抵達那裡的時候，你會用什麼方式行走？在那麼美

> 海浪不需要藉由死亡而成為水，她此時此刻已經是水了。我們也不需要藉由死亡而進入神的國度，因為神的國度就是我們此時此刻的基礎。

妙的一個地方，你還會慌慌張張地走路，滿懷焦慮地奔
跑嗎？你也許會開始懂得享受在天堂裡的每一刻？在神
的國度或佛的淨土裡，人們是悠閒自在而懂得享受每一
刻的，因此他們走路的方式不會像我們一樣。淨土不在
彼岸；它就在此時此地。它就在我們體內的每個細胞
裡。如果逃離了當下這一刻，我們就摧毀了神的國度；
但如果懂得解脫自己那奔命的習慣，我們就能擁有內心
的祥和與自由，如同佛在極樂世界漫步一般。

淨土不在彼岸；它就在此時此地。它就在我們體內的每個細胞裡。如果逃離了當下這一刻，我們就摧毀了神的國度……

　　我們的心懷著什麼東西，就會住於什麼次元。如果
你懷著一堆哀傷、恐懼和絕望，那麼不論去到哪裡，你
看見的永遠是苦難的世界和地獄。如果懷著慈悲、同理
和解脫之心，那麼無論你去到哪裡，看見的都是終極實
相和神的國度。

　　真實的修行人不論走到哪裡，都清楚地知道自己腳
下所踩的正是神的國度。我沒有一天不在神的國度裡漫
步，因為我走到哪裡都在修習慈悲和解脫之心。我的腳
始終是踩在神的國土和終極淨土之上。如果你能培養這
樣的觸感，那麼一天二十四小時，我們都會感受到祥和
及自由。

　　「我已經抵達終點，我已經到家了。」海浪的家即
是海水，家就在此時此地，她不需要跑到數千哩外才能

返抵她真正的家。這項修持是如此地簡單而有力。請你記住這首短偈,每天都按照它來修持。如此你就能見到終極實相,而且永遠記得自己,永遠記得返回自己真正的家。

轉化不停奔忙的習性

我們不但在白天奔命,連夜晚入睡時也不停地忙碌。我們不知道該如何停下來。修持首先就是要停下來,學會放鬆、安靜和專注。如果做得到,我們就能安住在此時此地,然後心就穩定了;心穩定下來之後,才看得見四周的情況。我們可以深觀當下這一刻,深觀自己的真實本性,覺察到心中的終極次元。深觀之下我們會發現,我們不只是海浪,同時也是海水。可是心如果不靜止下來,不學會專注,就不可能深觀。我們無法解脫恐懼,是因為心尚未強壯或穩定到足以體認無來無去的終極實相。

心如果不靜止下來,不學會專注,就不可能深觀。我們無法解脫恐懼,是因為心尚未強壯或穩定到足以體認無來無去的終極實相。

我們已經發展成的習性是很難對治的。安比卡(Ambedkar)博士是印度議會裡的一員,他來自所謂的「賤民」(Untouchables)階級。他一直在為「賤民」的權益奔走。他非常強烈地感覺到,只有佛法才能帶給這些

人尊嚴和安全感，因為佛陀完全不相信種姓制度。某一天在孟買，有五十萬的「賤民」聚集在一起，安比卡博士為他們講述了佛陀的三皈依①和五戒（Five Mindfulness Trainings）②的修持。我也前往印度，提供我的支援與協助給這個「不可接觸的賤民」社群。我們舉行了好幾天的佛法研討及正念修習。想像一下你從小就生長在「賤民」階級，你周圍的每個人都以惡劣的方式對待你，使你的生活充斥著恐懼。想像一下你必須取悅那些更高階層的人們才能自保。這樣的日子要怎麼過下去？你能夠放鬆，安住於當下嗎？還是你會不斷地擔憂未來？那股容易擔憂的習氣一定會非常深重。

　　為我安排行程的友人也來自於「賤民」階級，他和妻子以及三個孩子住在新德里。他很想讓我的旅程愉快而順利。某一天早晨，我們搭乘公車前往另一個社區。我欣賞著窗外的印度景致，心情十分愉悅。我轉頭看了一下我的朋友，他看起來非常緊張。於是我對他說：「我的好友，我知道你很想讓我的旅程愉快舒適，但是你知道嗎，我現在已經很愉快了！請不要擔憂。輕鬆一點！」他回答道：「好的！」然後看似放鬆了一點，於是我再度望著窗外，觀照著我的呼吸，欣賞著晨曦中的棕櫚樹。

你能夠放鬆，安住於當下嗎？還是你會不斷地擔憂未來？

我聯想起古時候的佛經就是記載在這些棕櫚葉上的。棕櫚葉長得又細又長，人們利用它的葉尖在葉片上刻下了佛陀的法教。它們可以保存一千年以上的時間。我記得有人曾經在尼泊爾發現了一千五百年前寫在這些葉片上的佛教經句。接著我的心又回到了我朋友身上，這其中大約相隔了兩分鐘。我轉頭看他的時候，他又變得僵硬和緊張起來。對他而言，就是放鬆個幾分鐘，也是很難的事。

身為「不可接觸的賤民」，他已經掙扎一輩子了。雖然他在新德里有一幢不錯的公寓和一份好差事，但是他那不斷掙扎的習氣仍然深重。世世代代以來，「賤民」必須日以繼夜地奮鬥才能存活下去，他的這種習氣是代代相傳下來的。任何人在這種情況下都很難立刻轉變。他需要一些時間和一些訓練，如果道友們能協助他，也許幾個月或幾年之後，他就會轉化掉那份掙扎和緊張的習性了。每個人都能辦得到。你也可以讓自己放鬆下來，變得自由自在。

如果你想轉化奔忙和掙扎的習性，就必須在它冒出來的那一刻立即發覺。吸氣、吐氣而且帶著微笑對自己說：「噢！我親愛的小習性，我知道你又冒出來了！」那一刻你就解脫了。你可以如此提醒自己，教育自己。

如果你想轉化奔忙和掙扎的習性，就必須在它冒出來的那一刻立即發覺。

你不能二十四小時都靠道友來提醒你。我曾經提醒過我的朋友一次，但是效果只維持了兩分鐘。他必須學會靠自己的力量轉化習氣。每個人也都得靠自己修行：你必須成為自己的道友，並且要住在一個對你有利的環境裡。

我們那股奔命的習氣是非常深重的，它也許是從世世代代傳遞下來的。但是你不能再把這個習氣傳給下一代了。你應該有能力告訴你的孩子：你已經踏在神的國土上。你也可以像我告訴我的友人那樣對你的孩子說：「我沒有一天不在神的國度裡漫步。」如果你能做到這一點，你的人生就會成為眾人的啟示。你和你的孩子將永遠漫步在淨土上。

我們那股奔命的習氣是非常深重的，它也許是從世世代代傳遞下來的。但是你不能再把這個習氣傳給下一代了。

卸下我們的包袱

如果我們想永遠在淨土上漫步，就得捨棄那些障蔽「當下」的東西。這麼做會幫助我們釋放那些容易製造擔憂的事物，而回歸到零。我們一想到歸零，就會聯想到虛無；我們把它看成負向的東西，然而歸零也可以是很積極的。有債要還可能是負向的事，不過一旦把債還清了，你的資產負債表就會歸零。那將會是一件很美妙的

事，因為你終於自由了。

佛陀在世的時候，有一位隨他出家的僧人名叫跋提（Baddhiya），未出家之前，他曾經是釋迦國的一個省長。佛陀證悟之後回到出生地探望家人，許多年輕人看見佛陀所展現出的自在與至樂，也都很想出家修行。他們都渴望得到解脫。

跋提就是其中的一份子。過僧伽生活的頭三個月，他非常精進地修持，而且已經能深觀許多事物了。某一天的夜晚在森林裡靜坐時，他突然開口大叫：「噢！我的快樂，噢！我的快樂。」

身為省長時，跋提一向睡的是華屋，外面總有衛兵守護著他。他用的是最昂貴的東西，吃的是山珍海味，永遠有許多僕人在一旁侍奉他。現在他卻坐在一棵樹下，什麼財物都沒了，只剩下手中的缽和一件僧袍。

現在他卻坐在一棵樹下，什麼財物都沒了，只剩下手中的缽和一件僧袍。

坐在跋提身邊的一位和尚聽到他的吶喊，還以為跋提是因為失去了省長的身分而感到懊惱。第二天一大早，這位和尚就跑到佛陀面前，把這件事告訴佛陀。於是佛陀在整個僧團面前詢問跋提：「跋提，昨夜你在靜坐時，是不是真的說出『噢！我的快樂，噢！我的快樂。』這些話？」跋提答道：「是的，世尊，這正是當時的情況。」

佛陀問他：「你為什麼吶喊，你心裡有懊惱嗎？」

跋提答道：「我在坐禪時，突然想起我當省長時有那麼多的僕人侍奉，而且一向有衛兵們的保護，不過我卻經常因為恐懼而失眠。我很怕有人會偷走我的財物，或者被暗殺。現在坐在樹下禪定，我覺得實在太自由了。我根本沒有東西可以失去了。我深深地享受著每一刻，從來沒有像現在這麼快樂過。所以我才會說：噢！我的快樂，噢！我的快樂。世尊，如果我干擾到弟兄們，請容我向他們道歉。」這時僧團裡的人才了解，跋提的吶喊原來是出自於真心的快樂。

請拿起一枝筆和一張紙，走到樹下或是你的寫字桌旁，將所有令你快樂的事都列舉出來：天上的雲，園裡的花，玩耍的孩子們，有修持正念的機會，愛人正坐在另一間屋子裡，雙眼的視力都很好……這張清單可以一直列舉下去。你已經擁有足夠的條件使你當下就快樂起來，你已經足以超脫來去、高低和生滅了。每天都要善用生活中美好的事物來滋養自己，在當下這一刻就開始滋養自己。學會在神的國度裡漫步。

每天都要善用生活中美好的事物來滋養自己，在當下這一刻就開始滋養自己。學會在神的國度裡漫步。

你還在追逐什麼？

我們如果不能為自己和心愛的人安住於當下，請問我們還能跑到哪裡去？

　　我們如果不能為自己和心愛的人安住於當下，請問我們還能跑到哪裡去？我們不斷地跑，跑，跑，即使入睡之後也是如此。我們不斷地跑，是因為害怕失去一切的恐懼正在後頭追捕著我們。這時重生（Resurrection）的修持就能幫得上忙了。

　　如果能回到當下的正念和覺察，如果正念的力量能夠在你心中出現，聖靈也會跟著出現。聖靈創造了萬物，安住在聖靈之中就是我們的修持。每一刻都活在聖靈裡並不是一種抽象的觀念，你在喝果汁或喝茶時都可以處在這種狀態。不妨以聖靈就在心中的方式來喝東西。如果你正在吃麥片、米飯或豆腐，你就以聖靈在心中的方式來吃它們。走路也要像聖靈就在心中一般。

　　請不要為了形式而修持。每一次的行禪都是嶄新的，踏出的每一步都要像在滋養自己一般。每一餐飯都要用聖靈的能量、正念的力量來滋養自己。每一次坐禪都要有煥然一新的感覺。

　　以這樣的方式坐禪，會使你汰舊更新。讓我們與道友們一同共修。僧伽應該有足夠的智慧不讓修持落入例行公事，它應該是一件充滿創意的事。我們中間有許多

人是聰慧而富有創造力的,我們應該利用我們的智慧和
創意,讓修持不斷地更新,並且保持活潑的心情。不論
是基督徒、伊斯蘭教徒、印度教徒或是猶太教徒,都可
以善用佛教的行禪來進行修持。你隸屬於什麼宗教信
仰,或完全沒有宗教信仰,其實都無妨。

　　修行並不是一種形式。修行意謂著善用我們的智慧
和技巧,來滋養和轉化自己,並且也幫助我們周遭的人
得到滋養和轉化。

一個嶄新的開始

　　早晨當你在吃麵包或牛角麵包時,你要品嘗出麵包
鮮活的能量。每天早晨當你在剝麵包,或是咬牛角麵包
時,都要像在行聖餐禮③一般。感覺上就像是和整個宇
宙的能量產生了連結,整個人變得活潑而富有朝氣。如
果這片麵包就是耶穌的聖體,它同時也應該是宇宙的聖
體。我們可以說:「這片麵包就是宇宙的聖體。」懷著
正念之心來吃東西,你會發現那片麵包就是整個宇宙的
聖體。如果能以這樣的方式吃東西,你就會變得煥然一
新。請讓那個新生命在你的心中示現。你可以獨自進行
這項修持,也可以和別人一同共修,爲的是幫助你的兄

懷著正念之心來吃
東西,你會發現那
片麵包就是整個宇
宙的聖體。

弟姊妹在每個當下更新他們自己。

　　一開始修持的時候，我們往往懷著一顆初心；初心是很美的。那時你對修行充滿著渴望，你很想轉化自己，為自己帶來祥和及喜悅，而那份祥和及喜悅又會化成一股感染力。讓自己變成一束火把，讓火把上的火焰點燃其他的火把。以這樣的方式修持，你就會增長全世界的祥和及喜悅。

　　我們每個人都應該進行重生的修持，如果這項修持能夠成功，我們就能幫助周圍的人。這才是生活中真正的實修方式。不論我們正在進行什麼事——走路、坐在椅子上、吃東西或是掃地，都可以是幫助我們覺醒的一種修行方式。每一刻都要保持覺醒，一旦能醒覺自己，你就能醒覺全世界了。

每一刻都要保持覺醒，一旦能醒覺自己，你就能醒覺全世界了。

　　覺醒乃是佛法和修行的真實本性。「Budh」的意思便是覺醒。我們尊稱已經覺醒的人為「Buddha」：「佛」。佛就是傳遞覺醒法教的人。我們每個人都有能力把自己轉化成一盞明燈，來促成全世界的覺醒。

①三皈依：指皈依佛、法、僧三寶。對於皈依對象三寶的解釋，佛教諸乘諸宗略有不同，多說皈依佛指皈依十方三世一切佛，皈依法指皈依佛所說的教法，皈依僧指皈

依聖賢僧。三皈依通過一定的形式而受，佛教制度認為受三皈依者才算佛弟子。

②五戒：佛教戒律之一，為佛教徒應持守的五項戒律。指不殺生、不偷盜、不淫邪、不妄語、不飲酒。一行禪師的教法則是將五戒轉換為更具主動意義的「正念五學處」：尊重生命、慷慨布施、負責任的性行為、諦聽與愛語、正念的消費。

③聖餐禮（Eucharist）：彌撒聖祭中，供無犯大罪而未告之信友領受基督聖體聖血的禮儀，為羅馬天主教、東正教和聖公會所共有，是由初期教會留傳下來的禮儀，而該禮儀的建立首推耶穌基督本人在聖週四晚上所為所言，並在十字架苦難中只一次並永恆完成祭獻，成為人類第一台彌撒。奉獻的餅、酒，在司鐸祝聖後，耶穌基督親臨於餅酒形體中，而成為基督聖體聖血，供人飲用，使人得永生，成為基督的肢體。

第七章
持續的示現

你能不能認清過往的每一刻你都在重生？你的祖先藉由你而延續下來。一旦轉化了他們傳給你的習氣，你就在過去中重生了。他們沒時間停下來，深呼吸，你卻可以停下來，深呼吸，爲你的祖先享受一下生命提供給你的美好事物。

不要輕易接受任何教誨，不要因為這些教誨是出自某位大師之口，或是在經典裡有記載，便輕易相信它們是真理。

　　佛陀曾建議過我們，不要輕易接受任何教誨，不要因為這些教誨是出自某位大師之口，或是在經典裡有記載，便輕易相信它們是真理。當然這也包括佛教經典在內。我們必須藉由覺察而認清自己的體證是真實的，然後才能接納那則教誨。佛陀說我們真正的本質是不生不滅的，讓我們再來看一看這是不是真理。

　　請點燃一枝蠟燭，讓燭火繼續燃燒，直到它燒盡了為止。請問這枝蠟燭是否還存在？佛陀說事物是不滅的，我們已經體認到這就是真理，同時我們也認清恆常的概念是不適用於任何事物的。因此，真相一定是介於這兩者之間。現在我們必須全神貫注地深觀這個問題。

　　你是否認為這枝蠟燭一直在往下燃燒，如果你認為如此，你就是在透過時間來觀察火焰的燃燒。你也會以同樣的方式思考自己的壽命：那是一種線行的發展，所以有一天它一定會結束。你也許認為自己是在一條縱線上的某一點誕生的，你可能把那一點稱作一九六○年。你認為你會在那條線上更遠的一點死亡，你可能稱那一點為二○四○年。你只看得見自己像蠟燭一樣在時間中推進，但其實你不只是朝著線行的方向在推進。

　　你認為燭火快要熄滅了，蠟燭快要消逝了，事實上，火焰是朝著許多方向在逐漸熄滅的。它正朝著東西

南北的方向在發光。如果你有非常精良的科學儀器，就
能測出蠟燭正朝著整個宇宙發出光和熱。蠟燭在你的心
中留下了影像、光以及熱。

　　你就像是一枝蠟燭。想像你正在把光放射到你的周
圍。你的言語、思想和行動，正朝著許多方向在發散出
去。如果你說出的話很友善，你善良的言語會朝著許多
方向散發出去，而你自己也會隨著它們的方向推進。

　　我們每一個剎那都在轉變，而且是以不同的形式在
延續著。今天早晨你對孩子說了不友善的話，你和那些
不友善的話同時都進入了她的心中。現在你爲你曾經說
過的那些話感到懊悔，但這並不意味你不能藉由對孩子
認錯而改變你曾說過的話；反而是無法認錯，才會令那
些不友善的話長久駐留於孩子心中。

在每一時、每一天、每一週死而復生

　　我正在寫一本有關佛法的書，它是奠基在我的理解
和我的修持之上的。當我在寫一本有關佛法的著作時，
我並不是依照線行的方向在思考。我正深入於你的內
心，我正以各種不同的形式在你的心中重生。佛法裡經
常提到身、口、意三個向度——我們生活中的每一刻，

如果你說出的話很
友善，你善良的言
語會朝著許多方向
散發出去，而你自
己也會隨著它們的
方向推進。

它們都會出現。請認清並理解這則眞理；你無須等到身體瓦解時才踏上重生之旅。

眼前的這一刻我們就在誕生和死亡。我們並不是以單一的形式，而是以許多的形式在重生。我希望你能想像一下煙火這個東西。點燃的煙火不會只朝著垂直的方向落下，它會向四面八方發射出去；它的火花會朝著每一個方向爆發。所以不要認爲你只是在朝一個方向推進，因爲你就像煙火一樣，你會進入你的孩子、你的朋友、你的社會和整個世界裡。

清晨坐禪時，我的左右都坐著一些僧衆。藉著禪定，我已經在他們心中重生了。如果你很仔細地觀察，你會在他們之中看見我。我無須等到死後才復活，此刻我已經重生了，而且我希望能朝著更好的方向重生。我要把我生命中最美最快樂的事，傳給我在家和出家的朋友們，這樣他們才能爲我和他們自己帶來美好的新生。

我們的無明、憤怒和絕望是不該再生的，它們若是再生，必定爲世界帶來更多的黑暗和痛苦。越多的快樂與愛能獲得重生，世界就會變得更美、更善良一些。因此你和我應該不斷地在每一時、每一天、每一週都死而復生，成爲喜悅、愛和善的化身。

某一天我醒來時，突然想起了一首民謠〈我的父母

你就像煙火一樣，你會進入你的孩子、你的朋友、你的社會和整個世界裡。

給了我許多長處〉（*My father and mother have given me much merit.*）。他們留給我的長處就是愛、寬恕和慷慨，以及爲他人帶來喜悅和快樂的能力。他們給了我許多寶貴的遺產。我們的孩子就是我們的延續。我們的孩子就是我們，而我們也是我們的孩子。如果你有一個或好幾個小孩，你已經在他們的體內重生了。你會在你的兒子或女兒的身上看到你的延續，除此之外你還有許多不同形式的延續。它們都在你曾影響過的每一個人的心中，你無法想像你的行爲、言語和思想已經影響了多少人。

我們的孩子就是我們的延續。我們的孩子就是我們，而我們也是我們的孩子。如果你有一個或好幾個小孩，你已經在他們的體內重生了。

放出我們的光與熱

當蠟燭的火焰向四周發出光與熱的時候，那光與熱便是蠟燭的延續。那光與熱是以水平的方向散發出去的。爲了能以水平的方向散發出光與熱，它必須以垂直的方向進行燃燒。缺少了水平面，垂直面是不可能存在的；缺少了垂直面，水平面也不可能存在。

問一問自己：「以後我會去哪裡？」我們的行爲和言語都是在當下這一刻產生的，而且是以線行的方向在發展著。當它們向外擴散而影響到我們周遭的世界時，它們也會使我們的生命朝著那些方向延伸。它們會讓這

個世界變得更美、更明亮,而那份美和光明又會延續到未來。我們不該只朝著垂直的方向尋找真正的自己。

假如我要泡一壺烏龍茶,我會先放一些茶葉在壺裡,然後在上面澆一些滾水。五分鐘後我們就有茶喝了。當我喝下它時,烏龍茶便進入了我的體內。如果再注入一些滾水,沏成第二泡茶,這些茶水會再度進入我的體內。當茶水倒光之後,壺裡剩下的便只有泡過的茶葉了。這些剩下的茶葉只是茶的一小部分,進入我體內的茶水卻是茶的絕大部分,而且是茶最豐富的部分。

我們也是一樣的;我們的精華已經進入子女、朋友和整個宇宙裡。我們必須朝這些方向,而不是在用過的茶葉裡,找到我們自己。請你看一看你重生後的新貌,雖然你說那並不是你。你必須在非你之身的事物中,見到你的身體。這便是所謂的身外之身。

你無須等到火焰熄滅後才獲得重生。我們每天都有無數次的重生。每一刻都是嶄新的。我的修持就是讓我示現出的新生,能夠為世界帶來光明、自由和快樂。我的修持就是不讓錯誤的行為復活。如果我生起了殘忍的念頭,或者言語裡帶著瞋恨,這些念頭和言語都可能會再生。我們很難覺察到它們,很難把它們拉回來。它們就像是逃跑的馬兒一般。我們不該讓身、口、意牽引著

請你看一看你重生後的新貌,雖然你說那並不是你。你必須在非你之身的事物中,見到你的身體。這便是所謂的身外之身。

自己，往錯誤的方向延伸出進一步的身、口、意。

沒有生滅，我們就活不下去了

如果每一個剎那沒有生滅的話，我們就活不下去了。我們體內的許多細胞都必須死去，我們才能繼續活下去。不只是體內的細胞，意識海裡的感受、認知和思惟作意，都是剎那即逝的。

我記得有一天，某位友人把他父親的骨灰帶到梅村上頭的小鎮裡。他希望我能允許他把骨灰撒在我們行禪的小徑上，我答應了他的要求。他或許以為父親唯一剩下來的東西，就是這些撒在禪徑上的骨灰了。他父親還活著的時候，曾經在那條未撒下骨灰的小徑上行走過。我們完成了撒骨灰的儀式之後，我轉向身後的人說道：「我們每個人都在這條小徑上留下了我們的軀體。不只是這位剛過世的人，而是我們每一個人。每回我們在這條小徑上行禪時，都留下了身體上的許多細胞。」

你每抓一次癢，死去的皮膚上，就有成千上萬的細胞掉落在地面。當你在這條路上行禪時，你不但留下了皮膚上的細胞，還留下了你的感受、認知和思想。不論你住在梅村的時間是一個小時或一週，你離開之後，都

如果每一個剎那沒有生滅的話，我們就活不下去了。我們體內的許多細胞都必須死去，我們才能繼續活下去。

你在那條小徑上留下來的細胞,將會變成野草和野花。你延續下來的身體還在梅村裡,也在你孩子和孫子的體內。

會留下許多屬於你自己的蹤跡。你在那條小徑上留下來的細胞,將會變成野草和野花。你延續下來的身體還在梅村裡,也在你孩子和孫子的體內。它在世上的每一個角落裡。蠟燭的火焰燃燒到最後終於熄滅時,它仍然存在著。如果朝著線行的方向去觀察它,你是找不到它的;你必須朝著水平的方向才能發現它。

在西藏的傳統裡,如果一名高僧圓寂了,其他的僧人會等到數年之後,才出外尋找那名高僧的轉世。在西藏,人們稱轉世高僧為祖古(Tulku)。高僧在圓寂前可能留下一首詩,據說裡面暗示著他未來轉世的地點。藉由這首詩,他的弟子們就能找到與指示相符的一名孩童。弟子們帶著老師在前世用過的鈴、念珠或茶杯等器物,去那個孩童的家裡探訪。他們在其中還混雜著一些老師沒用過的器具。這名小孩必須從這一堆的器物中,選出那位圓寂高僧曾經用過的東西。他如果選對了,還要接受其他的測試,才能證實他就是那位高僧的轉世化身。然後弟子們會請求這位靈童的父母,允許他們把孩子帶回寺廟裡承繼前世的法脈。

這個傳統具有非常動人的一面。弟子們是如此地敬重他們的導師,在導師圓寂之後,他們還想留住他。我曾經告訴過住在梅村的朋友們,他們不該等我過世後才

去尋找我的轉世化身；他們必須在當下就找到我，因為我已經在許多年輕的孩子身上重生了。如果你站在我的身旁，你看得見我身邊的靈童嗎？他們都是我的化身。成千上萬繼續在修持正念的年輕人，都是我的化身。如果你以法眼深觀，就會看見我正以各種的形態在重生。

雖然我的著作和弘法錄音帶無法在越南發行，我其實已經出現在那裡了。雖然法律上我的教誨被禁止，它們仍然在廣泛地流傳著。保安警察沒收了我的著作，卻在私底下祕密地傳閱它們。其他人則在地下流通助印我的書。因此我在越南已經有了傳承。越南有許多年輕的僧尼都在修持我所傳授的法門。如果你到越南去，你會在那兒看見我的蹤影。你目前看到的我，只是我的一種示現罷了。我在越南的化身已經影響了越南人的心靈生活、當地的文化和青年人。那位說我不在越南的人，顯然是未具足法眼的。

我也在監獄裡弘過法。我的著作已經分發到全美國的監獄裡，許多犯人都閱讀過，而且很喜歡這些書。有一回我去探訪馬里蘭州戒備最森嚴的一所監獄。它嚴格到連螞蟻不接受檢查可能都無法通過。我告訴這些犯人，無論你現在身處何處，皆可獲得解脫。這項開示已經被記錄下來，印成一本書（注：《就地解脫》，英文書

如果你站在我的身旁，你看得見我身邊的靈童嗎？他們都是我的化身。成千上萬繼續在修持正念的年輕人，都是我的化身。

名爲「*Be Free Where You Are*」)。許多犯人都拿到了這本
書,這樣他們就可以修持、微笑、減輕心中的痛苦了;
即使過的是被囚禁的生活,他們還是能找到心中的喜
悅。因此,我知道我的化身此刻就在監獄裡。這些已經
在修持的犯人,自然會幫助其他的犯人。所有能接觸到
我教法的犯人,都是我的化身。因此,當你尋找我的時
候,你要尋找的是我的身外之身。

每個當下都像煙火,散發出自己的美

　　如果你每天都學著去覺察自己朝水平的方向發出光
與熱,並且在每個當下更新自己,你就能在未來找到自
己的化身。每個當下你都像是正在爆發的煙火,向四周
散發出自己的美。藉由自己的身、口、意,你可以散發
出你的美。那份美和良善會進入你的友人、你的孩子、
孫子以及整個世界裡。它是不會消失的,而你就是以這
種方式進入到未來。

　　如果朝著這個方向遙望未來的自己,你就能見到自
己未來的化身。你不會認爲你終將滅絕,你不會認爲自
己在死後就不存在了。你雖然不是永恆的,但也不會從
此滅絕。

在每個當下更新自
己,你就能在未來
找到自己的化身。
每個當下你都像是
正在爆發的煙火,
向四周散發出自己
的美。

　　你能不能認清過往的每一刻你都在重生？你的祖先藉由你而延續下來。一旦轉化了他們傳給你的習氣，你就在過去中重生了。舉例而言，也許你的先人總是習於奔命，總想做些什麼事來存活下去。他們沒時間停下來，深呼吸，享受人生提供給他的美妙事物。你也是一樣的，不過你現在已經擁有了修持的方法，因此你可以停下來，深呼吸，爲你的祖先享受一下生命提供給你的美好事物。或許在遺傳基因及精神層面上，你的祖先也擁有過一些良好的品質，那可能是你的父母或是你的精神導師無法充分發展的品質，而現在你卻可以在自己身上重新發現到它們。你可以讓這些失去的品質復甦。這都是在過去中重生的一些例子。

　　我認識一位美國的越戰退伍軍人，越南游擊隊在戰爭中殺死了他的同袍，於是他決定要報復那些殺害他同伴的村民。他在三明治裡放置了炸藥，然後把它們丟在那個村子的進口處。有幾個孩子進入村裡時，發現到那些三明治，便撿起來吃了。不久他們就開始痛苦地嚎哭，在地上不斷地翻滾。他們的父母趕到了現場，但時間已經太遲了。那個地區十分偏遠，沒有救護車及醫療設備，所以無法快速地把孩子們送到醫院。最後五個小孩都死了。

你能不能認清過往的每一刻你都在重生？你的祖先藉由你而延續下來。一旦轉化了他們傳給你的習氣，你就在過去中重生了。

這名美國軍人回國之後，一直無法消解心中的罪咎感，他的母親試圖安慰他。她說道：「兒子，這些事經常在戰爭中發生，沒什麼好難過的。」可是他的心仍然痛苦萬分。他只要一發現屋子裡有小孩，就會按耐不住地衝出門外。

有一次我到美國巡迴演講，特別為退伍軍人舉行了禪修營的活動。我帶領他們行禪，藉由呼吸來轉化他們的恐懼和罪惡感。我告訴這位退伍軍人：「你已經殺死了五個孩子；這是個不爭的事實。可是，你還有機會可以救活好幾百個小孩的性命。你知不知道每天都有成千上萬的孩子，因為食物及醫藥設備的不足而死亡？你可以帶些糧食和藥品給他們。」他按照我的話去做了。現在這位在二十年前殺過五個孩子的人，已經由過去獲得重生，成了一名救活二十個孩童的新生命。

學習以這樣的方式進行深觀，你的悔恨和欠缺自信都會得到轉化。你將擁有嶄新的能量，它不但會在過去發光，也會在當下及未來綻放出光芒。

你已經殺死了五個孩子；這是個不爭的事實。可是你還有機會可以救活好幾百個小孩的性命。

第八章
恐懼、接納及寬恕：觸摸大地的修持

我們都曾經是樹、玫瑰或動物。深觀之下你會在你的體內看見樹、玫瑰、雲和麻雀，你無法將它們排除於體外。雨是雲的延續，河是雨的延續，你賴以維生的水則是河的延續。如果你把雲的延續排除於體外，你就無法活下去了。

我們花了許多時間在問一個問題：「我爲什麼會死？」然而更重要的問題是：「我死前會發生什麼事？」你必須到你的愛人面前，向他提出一個問題：「親愛的，你是誰？你是三十年前和我結婚的那個人，還是完全不同的人？你爲什麼來到這裡？你要往何處去？你死的時候我爲什麼要哭？」這些重要的問題並不是憑著頭腦就能回答的，我們需要更深更完整的答案。

「觸摸大地」的修持，可以幫助我們領悟自己那不生不滅的本質。像佛陀一樣進行「觸摸大地」的修持，將會幫助我們獲得眞正的洞識。

在經典裡記載，悉達多王子成佛悟道的前一天，對自己能否充分證悟還有一點懷疑。他一向是深具信心的，但某件事讓他起了疑慮，於是他開始進行觸摸大地的修持。他用手觸摸著大地，來轉化心中的疑慮。第二天，悉達多王子便成就了佛果。

在許多亞洲的寺廟裡，你會看見佛陀觸摸大地的肖像。「觸摸大地」是一種深刻的修持方式，它能幫助我們轉化恐懼、疑慮、偏見和憤怒。

「觸摸大地」是一種深刻的修持方式，它能幫助我們轉化恐懼、疑慮、偏見和憤怒。

覺察兩個層面：歷史面與終極面

　　實相的歷史面和終極面是相互關聯的。若是能深入地體認其中的一個層面，就能了悟另外一個層面。基督可以同時被視爲人子和神子。身爲人子，他是屬於歷史的；身爲神子，他隸屬的則是終極實相。

　　我們有歷史面的佛陀，也有不受制於時空的佛陀。我們每個人都和他一樣。日常生活便是歷史面，但終極面必須靠精神修持才能有所覺察。在歷史面運作時，若能同時覺察到終極實相，我們就不再恐懼了。恐懼如果不存在，眞正的喜樂就會出現。海浪有權利以浪的方式活著，不過它仍然得學會以水的方式生活。海浪不只是浪，同時也是水。水在生活的時候，並沒有浪的恐懼。

海浪不只是浪，同時也是水。水在生活的時候，並沒有浪的恐懼。

　　觸摸大地是一種簡易而有效的修持方式，它能幫助我們和內心的終極次元相應。如果依照這種方式修持，終有一天你會體認到自己不生不滅的本質，那時你就能解脫恐懼了。那時你才能莊嚴地隨順生死的巨浪，因爲你已經不再受制於恐懼和憤怒。

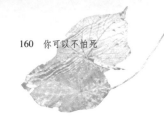

觸摸大地：從歷史的面向

　　請把時間想像成一條垂直線。把當下的你放在這條線的中央，過去在你的上方，未來在你的下方。把自己安置在時間裡，觀想一下在你之前曾降生過的所有祖先。你的祖先之中最年輕的一輩就是你的父母，他們都在你的上方。你的下方則是你的孩子、孫子以及未來的世世代代。如果你沒有子嗣，那麼你這一生曾影響過的人以及他們所影響的人，便是你的子孫了。

　　在你之內不但有血緣上的祖先，還有精神上的始祖。你透過體內的每一個細胞與父母相連，他們和你的祖父母及曾祖父母，目前都在你體內。做這樣的深觀你會發現，你就是他們的化身。你也許認為祖先已經不在了，但即便是科學家都會告訴你，他們目前就在你體內，在你的遺傳基因裡，在你身體的每一個細胞裡。

　　對你的子孫而言也是如此。你就在他們的每一個細胞裡，你在你曾影響過的每一個人的意識裡。這並不是一種想像，而是事實。

　　這是觸摸大地的修持必須領會的第一件事。

你透過體內的每一個細胞與父母相連，他們和你的祖父母及曾祖父母，目前都在你體內。做這樣的深觀你會發現，你就是他們的化身。

你的精神始祖在你的每一個細胞裡

　　請深觀一棵梅樹。樹上的每一顆梅子都有果核，這果核包含了梅樹過往所有的世世代代，這果核也包含了梅樹無限的來世。果核之內早已具足了智慧，它知道自己如何才能變成梅樹，如何才能生出枝葉、花朵和梅子；它不能獨立完成這件事，它必須承繼先前的世世代代留傳下來的經驗。你也是一樣，你早已具足智慧，知道自己該如何變成一個完整的人；你不但從你的祖先，同時也從你的精神始祖那裡，承繼了不朽的智慧。

　　現在你的精神始祖就在你體內，因為你的本質和你的學養是無法分開的。學養能轉化你所承繼的本質，而靈性上的事務和修持，則是你日常生活的一部分，它們都在你的每一個細胞裡，所以你的精神始祖目前也在你的每一個細胞裡。你無法否認他們的存在。

　　你有一些祖先是令你仰慕而引以為傲的，還有一些祖先則是有許多缺點而無法令你感到光榮的，不過他們畢竟是你的祖先。某些人擁有非常好的父母；另外一些人的父母卻是痛苦的，而他們的配偶和子女也隨之而受苦。此外，你的一些精神始祖也許並沒有幫助你珍惜家族和社群的宗教信仰；你無法敬重他們，不過他們畢竟

你的精神始祖目前也在你的每一個細胞裡，你無法否認他們的存在。

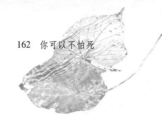

還是你的先人。

如實接納你的先祖

　　我們必須回過頭來接納我們的血親和精神上的始祖，你不能將他們撇在一邊。他們不但是既定的事實，而且仍舊存在著。他們早已成為我們肉體和靈魂的一部分了。

　　當你第一次觸摸大地時，請如實接納你所有的祖先，這是非常重要的修持。無條件的接納是通往奇妙的寬恕的第一步，耶穌曾說過：「寬恕我們對別人的侵犯，如同我們寬恕別人對我們的侵犯。」我們要了解，寬恕的第一步就是如實接納別人，縱使他們曾經傷害了我們。若想如實接納別人，就必須先接納自己；若是無法接納自己，便永遠無法接納別人。當我在看自己的時候，我看見了一些正面而值得讚賞的特質，我同時也知道自己身上還有些負面特質。所以我首先必須認清和接納自己。

　　不論你是站在岩石、山丘、花朵或家裡的供桌前進行觸摸大地的修持，你都要清醒地覺知自己的呼吸。吸氣和呼氣時要觀想你的祖先們，並且要平等地看待他們

寬恕的第一步就是如實接納別人，縱使他們曾經傷害了我們。若想如實接納別人，就必須先接納自己……

的優點和缺點。你要毫不猶疑全然接納他們。然後你跪下來，以你的膝蓋、雙手和前額碰觸大地。保持這樣的姿勢，繼續觀想下去：

你要毫不猶疑全然接納他們。然後你跪下來，以你的膝蓋、雙手和前額碰觸大地。

「親愛的祖先，我就是你們，我有你們身上一切的力量和弱點。我看見你們同時擁有正面和負面的種子，我發現你們是很幸運的，因為你們心中的友愛、慈悲和無懼的種子已經得到了灌溉。我同時也體認到，如果你們不夠幸運的話，你們心中的貪婪、嫉妒和恐懼的種子就會滋長。這麼一來，正面的種子就無法成長了。」

一個人的正面種子能得到灌溉，部分的原因是運氣好，另外的原因則是人為的努力。我們人生裡的各種情境，都可以幫助我們培養耐性、雅量、慈悲以及愛。我們周遭的人可以幫助我們灌溉這些種子，正念修持也有同樣的效果。

如果一個人是在戰爭期間成長的，或者來自於痛苦的原生家庭及社群，那麼這個人可能就會充斥著絕望與恐懼。他的父母若曾飽受痛苦而畏懼這個世界和其他人，他們就會把心中的恐懼和憤怒傳給子女。但是他成長的環境裡如果充滿著安全與愛，善良的種子就會在他的心中滋長，而這些種子也會傳遞下去。

若是以這樣的觀點來看待祖先，你就能體諒他們的

苦難。其實他們已經盡力了。憑著這份體諒，才能去除所有的抗拒和憤怒。平等地接納祖先的優點和缺點是非常重要的事，這麼做會令你變得更祥和、更無懼。

你也可以把哥哥和姊姊看成是比較年輕的祖先，因為他們是在你之前誕生的。他們也有各種的弱點及才華，你必須全然接納他們，因為你很清楚自己也有各種的弱點及才華。當你觸摸大地時，你就能體認到接納的滋味了。請維持這種跪拜的姿勢，五分鐘、十分鐘或十五分鐘都可以，然後去深深地體會這份接納的精神。

觸摸大地的修持一開始必須重複許多次，你才能跟父母及祖先達成和解。你必須不斷地練習，因為這項修持非常重要。畢竟你的父母及祖先都在你體內，與他們和解就是在跟自己和解；否定了祖先，就是在否定你自己。如果能體認到你和祖先們是不可分割的，你的心靈就有了明顯的進展。我相信幾天或一週之後，你的修持就會出現成效了。

你的父母及祖先都在你體內，與他們和解就是在跟自己和解；否定了祖先，就是在否定你自己。

你可以在任何場所進行觸摸大地的修持，譬如在祖先的供桌前、大樹或山丘前，甚至在雲彩底下都可以，只要你喜歡。你可以站在岩石、大樹、小花或是你的供桌前，然後觀想你所有的祖先都在你體內。要做到這一點並不困難，因為你就是他們，你就是他們的化身。請

以百分之百的誠心來進行這項修持。

觸摸未來：觀想你的子嗣

接下來的觸摸大地修持要觀想的是你的子嗣們——孩子、孫子、姪女、姪兒等等。如果你覺得有困難，就應該按照下面的方式來進行觀想：

「我和我的孩子們是沒有分別的，因為我的孩子們就是我的延續。他們將牽引我進入未來。我的兒子、女兒、朋友或徒弟就是我。」

在訃聞裡你時常會看到：「某某先生已經過世了，但是他藉著兒子和女兒獲得了重生。」這句話的意思是，孩子們延續了父親的生命。我的徒弟就是我，我每天過著修行的生活，為的就是把我最好的部分傳給他們，因為我會隨著他們進入未來。我告訴我的弟子，他們要為我觀賞日出的美景，而我也會以他們的雙眼欣賞日落和星辰。我因為我的弟子而成為不朽之人。

你既能在父母和祖先身上看到自己，也會在兒子和女兒身上看到自己。你要感謝父母使你有機會連繫上所有的祖源。我的弟子也是透過我而連結了佛陀以及祖師們的教誨。你要感謝孩子們讓你有機會進入未來。孩子

你既能在父母和祖先身上看到自己，也會在兒子和女兒身上看到自己。你要感謝父母使你有機會連繫上所有的祖源。

必須藉由父親才能接上他的源頭，而父親也必須藉著孩子才能通往未來和無垠的空間。

這是相當具體的修持方式，你可以單獨練習或是和一兩位好友共修。一開始你可能要透過別人的指導來進行練習，過了一段時間，你就可以單獨修練了。

你的兒子就是你

如果你和兒子或女兒起了爭執，你可能會說：「你根本不是我的女兒。我的女兒不會有這樣的行為」或者「你不是我的兒子。我的兒子不會做出這樣的事。」但是你如果深觀自己，就會看見自己也有這些負面種子。年輕的時候你會犯錯，不過你從痛苦中也得到了一些領悟。當你的孩子犯錯時，你必須幫助他理解真相，使他不再犯錯。如果能看見自己的弱點，你就會說：「我憑什麼不接納我的兒子呢？」你的兒子就是你。一旦擁有這份不二的洞識，你就能跟你的孩子和解了。觸摸大地的修持正是一種和解的途徑。

你的兒子就是你。一旦擁有這份不二的洞識，你就能跟你的孩子和解了。

平等地接納先祖的良善美好和所有的缺點

　　佛陀教導的「八正道」①的最後一道，稱為「正
定」。當我們觸摸大地時，我們自然會體悟到無我、無常
以及生命相依相生的本質，但是缺少了正定，洞識是無
法產生的。若是能透過無常、無我及相依相生，而認清
自己、父母與子女的關聯，和解自然會達成。

　　一天之中你至少要做一兩次觸摸大地的修持。不妨
利用下面的話語來引導你的觀想：

　　「我藉著觸摸大地，與我的祖先及所有的子嗣相
連，包括我的精神始祖和血親們。

　　（站在你喜歡的目標前進行短暫的觀想，然後跪下
來觸摸大地。）

　　我的精神祖師包括了諸佛菩薩以及佛弟子們，同時
也包括了我那些目前仍健在或早已辭世的精神導師們。
他們把祥和、智慧、愛及喜樂的種子傳給了我，所以他
們都在我體內。他們喚醒了我心中本有的智慧和慈悲。
我若是深觀我的精神祖師們，不但能看見那些在正念修
持、智慧和慈悲上臻於完美的導師，同時也能看見那些
不完美的導師們。我平等地接納他們，因為我自己也有
缺點和弱點。

我若是深觀我的精
神祖師們，不但能
看見那些在正念修
持、智慧和慈悲上
臻於完美的導師，
同時也能看見那些
不完美的導師們。
我平等地接納他
們，因為我自己也
有缺點和弱點。

認清自己在正念修持、智慧和慈悲上並不是永遠完美的，所以我敞開心胸接納我精神上的子嗣們。我的某些弟子的生活方式令我感到敬佩而滿懷信心，但也有些弟子是充滿著困難和起伏的。我敞開我的心平等地接納他們。

我以同樣的方式接納我父母的列祖列宗。我接納他們的良好品質、他們做過的善事，我也接納他們所有的缺點。我敞開心胸接納子孫們的良好品質、他們的才華以及他們的弱點。

你要接納你宗教信仰裡所有的導師。如果你是一名基督徒，你的精神祖師們就是基督、基督的門徒、基督教的聖人，以及曾影響過你的基督教導師們。如果你有猶太血源，你或許也應該接納你的男女長老們以及偉大的拉比②們。

我的精神祖師、血緣上的祖先、精神子嗣以及血緣上的子孫，都是我的一部分。我就是他們，他們就是我。我並沒有一個獨立存在的自我，我們都是奇妙的生命之流的一部分。

我就是他們，他們就是我。我並沒有一個獨立存在的自我，我們都是奇妙的生命之流的一部分。

有生便有死，有右便有左

歷史面是具有來去和生滅的。我們處於歷史面的時候，經常會感到恐懼。我們恐懼是因爲我們尙未體悟生滅是不眞實的。佛陀說過：「凡是能生出來的東西必定會死亡。」有生便有死，有右便有左，有開始必有結束。這就是事物在歷史面所呈現出來的現象。佛陀在世的時候，不管是僧尼或在家衆，都必須體悟生滅即是現實的眞相。

爲了面對恐懼，我們必須藉由觀照來穩定自己的心。一開始如果有人引導，我們會比較容易一些。呼吸是培養定力的一種工具，它能導引你的心專注於禪定目標。你藉著對呼吸的覺察開始修習定力，等到將來修習觀照法門時，我們才有能力集中心念。

呼吸是培養定力的一種工具，它能導引你的心專注於禪定目標。

認清事實，便是面對恐懼的修持方式

我們集中心念爲的是體悟到實相。下面這段話是佛寺裡每日都要唱頌的：「藉由吸氣和呼氣，我覺察到我的生命之中本來就附帶著死亡；我無法逃脫死亡。我無法逃脫老化，因爲這也是我的本性之一。我有一副身

體，所以我也無法躲開疾病。我今日所執著和珍惜的事物，終有一天要捨棄，唯一能帶走的東西，便是我所有行為的果。除了我的身、口、意所造成的果之外，我無法帶走任何東西。」

我們必須從容地認清這個事實。這便是面對恐懼的修持方式。恐懼永遠在我們心中——害怕自己會年華老去，害怕自己會生病、死亡或是被我們所愛的人拋棄。對這些事感到恐懼和擔憂，本是人性自然的反應。

佛陀並不建議我們去壓抑這些恐懼，他建議我們把這些恐懼提升到意識更高的層次，然後從容地看著它們。這是佛陀時代的僧尼和今日的僧尼每日必修的功課。你每次發現到恐懼，觀照到恐懼，並且能面帶微笑地看著它，你的恐懼就會失去一些力道；當它再度落回你的意識深處時，它的種子已經變小了。每天都要進行這項修持，尤其是當你的身心都很強壯時。在修持的時候，你心中可能有許多奔馳的妄念。你只需要注意自己的呼吸，就能把心拉回來。你不需要刻意讓呼吸變得深或長，只要覺察它就夠了；你不需要改變任何事物，只要讓呼吸保持原狀就對了。讓心隨時覺察自己的呼吸，如此修持下去，呼吸就會愈來愈和緩。

如果你覺得自己的心已經夠穩定了，便可採用下列

> 每次發現到恐懼，觀照到恐懼，並且能面帶微笑地看著它，你的恐懼就會失去一些力道；當它再度落回你的意識深處時，它的種子已經變小了。

的語句來幫助自己專注。一開始你可以對自己說出完整
的句子，接下來只需要記住其中的幾個關鍵字就夠了。
你不需要太過於努力，只要放鬆下來，讓呼吸和這些語
句變成你的支撐。

有助於深觀和治療恐懼的修持

吸氣，我覺察到我吸入的氣息。（吸）

吐氣，我覺察到我吐出的氣息。（吐）

吸氣，我覺察到我正在老化。（老）

吐氣，我知道我無法逃避老化。（不逃避）

吸氣，我覺察到疾病是我生命的本質之一。（病）

吐氣，我知道我無法逃避病苦。（不逃避）

吸氣，我知道我總有一天會死。（死）

吐氣，我知道我無法逃離死亡。（不逃避）

吸氣，我知道有一天我必須捨棄我所執著的事物。（捨棄執著）

吐氣，我知道我不能不捨棄我所執著的事物。（不逃避）

吸氣，我知道我的身、口、意業才是我唯一的財產。（業才是唯一的財產）

吐氣，我知道我無法逃避我的業果。（不逃避業果）

吸氣，我決定要活在深刻的正念裡。（活在正念裡）

吐氣，我認清了活在當下的喜悅及益處。（喜悅及益處）

吸氣，我發誓要讓我的愛人每天都感到喜悅。（給出喜悅）

吐氣，我發誓要減輕我愛人的痛苦。（減輕痛苦）

接納、寬恕和無懼，是從歷史層面觸摸大地所帶來最深的成果。以這種方式來善用呼吸，就能逐漸治癒自己。

接下來我們要探討的是觸摸大地的下個步驟。

觸摸大地：在空間的橫軸上

觸摸大地的第一個步驟是觀想自己站在時間的縱線上，現在要觀想的則是象徵空間的橫線。這條象徵空間的橫線和代表時間的縱線是相互交錯的。

在空間裡，我們可以看見地球上其他的眾生，譬如男人、女人、兒童、老年人、各種動物、樹木、植物、礦物等等。我們在看一棵樹的時候，通常會認為這棵樹是在我們的外面，深觀之下你卻發現，原來這棵樹是在我們裡面。樹就是你的肺，缺少了樹，你根本無法呼吸。樹製造了氧氣，而氧氣現在已經是我的一部分了。我又製造出二氧化碳，而二氧化碳也成了樹的一部分；我們體內雖然有個肺臟，但樹也在替我們呼吸，所以同

通常會認為這棵樹是在我們的外面，深觀之下你卻發現，原來這棵樹是在我們裡面。

樣可以被視為我們的肺臟。我們的肺和樹一起工作來幫助我們呼吸。

《本生經》（*The Jataka Tales*）③述說的是佛陀證悟之前的轉世故事。從故事中我們聽說佛陀未得人身之前曾經是一棵樹、一隻鳥、一隻烏龜、一塊岩石、一朵雲。我們也一樣，在未得人身之前，我們也可能做過單細胞生物、大型動物、雲、樹木、森林或岩石。從科學的演化論來看，這並不是不可能的事。物質既沒有被創造出來，也沒有毀滅。它會變成能量，而能量又會轉化成物質，所以它不會滅絕。

> 在未得人身之前，我們也可能做過單細胞生物、大型動物、雲、樹木、森林或岩石。從科學的演化論來看，這並不是不可能的事。

我們一直是其他事物的一部分，其他的事物則是我們的一部分。我們都曾經是樹、玫瑰或動物。此刻我們仍然是樹。深觀之下，你會在你的體內看見樹、玫瑰、雲和麻雀，你無法將它們排除於體外。你無法將雲排除於體外，因為你的身體有百分之七十是水。雨是雲的延續，河是雨的延續，你賴以維生的水則是河的延續。如果你把雲的延續排除於體外，你就無法活下去了。

菩薩無所不在

深觀虛空，我們會看見所有的證悟者以及偉大的菩

薩④們。我們會看見神。深觀之下你將發現，菩薩無所不在，你會看見那些有悲心的男男女女，竭盡所能地保護著全人類。在梅村裡，我們經常持誦觀世音⑤——聞聲救苦的菩薩——之聖號；我們也持誦普賢⑥——最具有行動力的菩薩——之聖號；文殊師利⑦——智慧最高的菩薩——之聖號；地藏王菩薩⑧——總是走向最黑暗的地方，承受一般人無法承受的苦難，來度脫所有的人——之聖號。

這些都是我們所熟知的菩薩，他們的傳聞軼事早已廣泛地流傳。世上還有無數不爲人知的菩薩，他們藉由他們的工作向世界表達出愛、慈悲和深刻的奉獻精神。他們的內心充滿著愛，他們對財物毫無興趣，他們過的是簡樸生活，爲的是擁有更多的時間和精力來幫助別人。他們遍及各處。我認識一位住在荷蘭的菩薩，她的名字叫希比（Hebe）。二次大戰期間，她曾協助過兩萬名猶太人逃離了大浩劫。我不知道她是怎麼辦到的。如果你見到她本人，你會發現她的個子很小，而且她和我們一樣只有兩隻手。我們爲了幫助越南的戰地孤兒曾一起共事過。

世上還有無數不爲人知的菩薩，他們藉由他們的工作向世界表達出愛、慈悲和深刻的奉獻精神。

菩薩不是歷史的神祇，而是周遭有血有肉的人

　　還有的菩薩看起來並不十分活躍，但是他們的祥和與善意，往往能激起我們的愛、同理和耐性。

　　世上有無數像這樣的菩薩，我們應該留些時間去發現他們，與他們接觸。菩薩並不是過往歷史裡的神祇或偉人，而是你周圍那些有血有肉的人；他們具有無窮的精力、智慧和慈悲，只要接近他們，就能受益。

　　菩薩是不可貌相的，那些能帶給我們快樂的小孩也是菩薩，我們的孩子和朋友也都是菩薩。有時他們會造成我們的痛苦，不過他們也能助長我們的愛和智慧。

　　菩薩對拔除苦難從不感覺疲憊，他們永不放棄，他們為我們帶來了活下去的勇氣。進入黑暗地帶幫助眾生的地藏王菩薩，並不是孤孤單單的一個人；他在所有的地獄道裡⑨都有無量化身，而這些地獄道目前都存在於我們的現世裡。

　　那位曾經說過「我從不輕視任何眾生」的常不輕菩薩⑩，也是化身無量的。即使某人尚未具足覺醒的能力，他還是看得見這個人的潛力。常不輕菩薩幫助每一個人建立自我信心，去除自卑感。這類的心結往往會使人癱瘓。常不輕菩薩的特長就是與我們心中的覺性或愛

> 菩薩是不可貌相的，那些能帶給我們快樂的小孩也是菩薩，我們的孩子和朋友也都是菩薩。有時他們會造成我們的痛苦，不過他們也能助長我們的愛和智慧。

的種子相應。這位菩薩不僅是《妙法蓮華經》⑪裡的一位人物，也是我們現代社會裡四處可見的化身菩薩。我們必須在周圍的環境裡發現有血有肉的常不輕菩薩。

文殊師利是智慧最高的菩薩，他對我們的了解，使我們深感欣慰。文殊師利總是能看到我們的痛苦和困難，而且從不譴責或懲罰我們。他永遠伴隨在我們身邊，帶給我們啓發和鼓勵。文殊師利並不是傳說中的人物，他就是我們周圍的親人，譬如兄、弟、姊、妹，或是姪兒、姪女。

對別人的苦難付出，就能和菩薩相應

如果我們對別人的苦難能付出愛及同理，我們就和菩薩的深刻了悟相應了。

我們無須崇拜那些想像中的神話人物，菩薩並不是活在雲端的古人，他們是充滿著愛和毅力的現代人。如果我們對別人的苦難能付出愛及同理，我們就和菩薩的深刻了悟相應了。

聞聲救苦的觀音菩薩也在我們周圍。心理治療師都必須學會觀音菩薩的傾聽技巧，那是一種透過耳識而深觀的藝術。如果我們能深刻地傾聽我們的父母或子女的話語，觀音菩薩就出現在我們心中了。

妙音菩薩⑫能夠善用音樂、文字和音聲來喚醒人

們。如果你是一名詩人、作家或作曲家，你或許就是妙音菩薩了。你在藝術上的創作，並不是用來幫助人們暫時忘卻痛苦，而是用來喚醒人們心中的智慧和慈悲。我們之中也有許多作家、詩人和作曲家能夠善用各種音聲，來幫助人們藉由佛法激發愛及智慧。以下是普賢菩薩的願力之一：

> 我要善用大音聲海，
> 將其轉化為意旨深遠的文字，
> 來讚美三世諸佛的無量功德⑬。

當你觸摸大地時，就在跟這些偉大的生命相應，因為他們就是你和大地的一部分。活在現代世界裡，你很容易感到沮喪，所以你必須保護自己。最好的方式就是跟充滿著愛和慈悲的菩薩相應。

我們應該在當下就和諸佛菩薩相應，而不是上香祈求他們的庇祐。若是能跟他們的精神相連，就會產生力量。我們會發現他們正在我們體內，而我們即是他們在時空中的化身。我們是這些菩薩的一隻手臂，我們的手臂可以伸展到數千哩外，我們的手臂可以伸向地球最黑暗的角落。我們四處都有朋友可以充當我們的手臂，我

若是能跟他們的精神相連，就會產生力量。我們會發現他們正在我們體內，而我們便是他們在時空中的化身。

們也可以變成他們的手臂。

「覺醒心中的智慧是修行者唯一的志業（Awakened understanding is the practitioner's only career.）」，這是出自《八大人覺經》⑭裡的一句話。其他的事業都沒有真正的價值。沒有任何的榮耀或名望，可以跟深觀事物本質所得到的覺醒智慧相比。我們若是能藉由這份智慧而止息憤怒，便是在示現心中偉大的慧種。讓我們以這樣的方式來過生活，讓我們體內的那個菩薩示現出來。

讓我們藉由當下的言語和行動展現出菩薩的風範，不要拖到今天晚上才做菩薩。讓我們呼喚聞聲救苦的菩薩、智慧最高的菩薩、行動力最強的菩薩以及願力最大的菩薩，試著與他們的精神相應。這麼做會為我們帶來無限的力量，去幫助世間受苦的眾生。

誰是那名海盜？他就是我，被他強暴的那個女孩也是我。

觸摸大地：與痛苦的眾生連結

觸摸大地時，我們不但和諸佛菩薩相應，同時也跟痛苦的眾生產生了連結。兩者我們都得接觸。我們必須記住，有許多的生命正處於最深的苦難中，譬如戰爭、

讓我們藉由當下的言語和行動展現出菩薩的風範，不要拖到今天晚上才做菩薩。

高壓和不公不義。他們連說出這些苦難和不公不義的機
會都沒有，所以他們只好忍耐。世上有些盜匪目前可能
正在強暴年輕女孩；某些富有的商人也許正在私售軍火
給貧窮國家，而那些國家裡的兒童可能連飯都沒得吃，
學校都沒得上；還有一些工廠裡的老闆正在壓榨童工；
有的人正在牢裡和管訓中心裡靜待死亡；瘋瘋病院裡有
許多兒童和成年人是四肢不全、不識字，而且無望的。
這些地獄道裡的人都需要菩薩的救贖。

　　二次觸摸大地之前，我們可以站在一座山或一朵花
前進行觀想。在觀想的過程裡，我們不但看見自己是菩
薩，同時也是那些受到欺壓、歧視和不平待遇的人。我
們以菩薩般的能量去關懷各地的受害者。我們既是那些
正要強暴年輕女孩的盜匪，我們也是那些被強暴的年輕
女孩。我們並沒有一個獨立出來的自我，我們和所有的
眾生都是相依相生的。

　　我們的生活方式對萬事萬物都有影響，因此我們必
須思考：我們是怎麼過日子的，才會讓那名泰國男孩變
成了強暴犯？答案是，我們只關心自己的物質需求。那
個年輕男孩的原生家庭已經貧困好幾代了。他的父親是
一名只會藉酒消愁的漁夫，他不知道該如何教養孩子，
只會一味地體罰他們，而男孩的母親也不知道該如何教

我們既是那些正要
強暴年輕女孩的盜
匪，我們也是那些
被強暴的年輕女
孩。我們並沒有一
個獨立出來的自
我，我們和所有的
眾生都是相依相生
的。

養孩子。他才十三歲，就必須陪著父親出海捕魚；父親
過世之後，他承繼了父親的工作。他沒有機會發展出智
慧和愛。他受到誘惑而變成了一名海盜，因為海盜可以
一夜致富，讓他脫離永無止境的悲慘生活。海上沒有保
安警察，所以何不跟隨其他的海盜，強暴那些遭搶船隻
上的年輕女孩？

　　如果我們手上有槍，我們可以立刻槍斃那個年輕
人，但是幫助他發展出智慧和愛，不是更好的辦法嗎？
請問那些應該幫助他的政客、政治家和教育者，都跑到
哪兒去了？

　　昨夜，泰國海邊的漁家已經誕生了成千上百的嬰
兒。如果這些孩子乏人照料，無法接受良好的教育，其
中的某些人就可能變成海盜。是誰的錯？犯錯的人就是
我們：政治家、政客、選民以及教育者。我們不能光譴
責那名年輕人。如果我生下來就是一個無法受教育的貧
童，我的父母都是文盲，他們有生之年都一貧如洗，而
且根本不知道該如何教養我，那麼我很可能會變成一名
海盜。你即使是槍斃我，也無法解決任何問題。誰是那
名海盜？他就是我，被他強暴的那個女孩也是我。

　　眾生的苦難便是我們的苦難。我們必須認清我們就
是他們，而他們就是我們。我們一旦體認到他們的痛

誰是那名海盜？他
就是我，被他強暴
的那個女孩也是
我。

苦，慈悲與愛的利箭就會射入我們心中。我們可以愛他
們，擁抱他們，找到方法來幫助他們。只有這樣我們才
不會因為他們的處境而感到徹底絕望。他們的處境即是
我們的處境。

佛菩薩不在遙遠的極樂世界，就在眼前的世界裡

　　當你意識到這個世界的苦難時，你很容易被絕望淹
沒。不過被絕望淹沒是沒有必要的。越戰期間的青年人
很容易就變成了絕望的受害者，因為戰事拖得太久，似
乎永無出期了。中東的情況也是一樣，以色列和巴勒斯
坦的年輕人都覺得，戰爭沉重的氛圍似乎永遠也無法改
變了。我們必須保護自己和子女免於絕望。菩薩們有能
力藉由深觀、愛、智慧以及深刻的奉獻來對治絕望。第
二次觸摸大地時，我們就是在跟各地大大小小的菩薩們
相應，我們會因此而感受到他們的力量。

　　由於人類的貪婪，動物、植物和礦物都在受苦。土
壤、大地、水和空氣正在受苦，是因為我們污染了它
們；樹木感到痛苦，是因為我們為了自己的利益而摧毀
森林；許多動物滅種，是因為自然環境遭受到嚴重的破
壞，而人類也在毀滅和剝削其他的人。

我們必須保護自己
和子女免於絕望。
菩薩們有能力藉由
深觀、愛、智慧以
及深刻的奉獻來對
治絕望。

根據佛家的教法，眾生都有覺性，但如何才不至於陷入絕望？因為佛菩薩就在眼前的世界裡，他們並不在遙遠的極樂世界。不論我們是活著，還是正面臨死亡，他們都在我們的周遭。

諸佛皆在我們體內，我們也在諸佛體內

佛陀曾經說過，能夠體悟到依他起性的人，便能見佛。

觸摸大地的修持能幫助我們淨化身心，它使我們對無常、依他起性和無我的本質保持覺知。佛陀曾經說過，能夠體悟到依他起性的人，便能見佛。因此，當我們觸摸大地時，我們會看見體內的佛，同時也會看見我們就在佛的體內。我們將會看見所有的眾生都在我們體內，而我們也都在他們體內。如果能保持跪拜的姿勢，心中的自他之分就會消除，然後我們才知道在日常生活裡該做什麼，不該做什麼。有了這份洞識，我們自然能做出利益眾生的事。

你為你的人生做了什麼？你的所作所為是否能利益自己、利益心愛的人或是眾生？菩薩立下的深刻承諾就是要減輕眾生的苦難，他的志業是要變成一名覺醒的佛。我們一旦決定以行菩薩道做為我們的志業，就會有能力放下曾吸引過我們的無意義之事；我們會放下所有

的名聞利養。一旦下了這樣的決心，就能輕而易舉地放下這些事。

　　諸佛皆在我們體內；我們也在諸佛體內。我們都能解脫。我們都能成佛。

若能感受世間菩薩的愛與喜樂，我就不再孤獨絕望了

　　第二次觸摸大地時，請用下面的話語來引導你自己：

　　「觸摸大地，我與眼前這一刻活在世上的眾生相連。」

　　（觸摸大地之前，請站在你喜歡的目標前面，進行短暫的觀想。）

　　我和光華四射的生命原型本為一體。我體認到我和眾生是緊密相連的，我們的快樂與痛苦均是息息相關的。我和那些已經超越生死，並能慈悲無懼地看待生死的諸佛菩薩，本來就是一體的。我和地球上每個角落裡的菩薩都是一體的。他們具足了祥和、智慧與愛，他們能夠為眾生帶來滋養和療癒，他們用愛和關懷的行動擁抱世界。若是能感受到世間菩薩的愛與喜樂，我就不再孤獨絕望了。領受到他們的愛和眾生的苦難，促使我以

我和那些已經超越生死，並能慈悲無懼地看待生死的諸佛菩薩，本來就是一體的。

富有意義的方式，活出生命的祥和及喜樂。

　　菩薩們的愛使我變得更堅強，也使我在受苦的眾生身上看見了自己。我和那些生來就有殘疾的人，或是因戰爭、意外、疾病而殘廢的人同為一體；我和那些深陷戰爭被欺壓的人也同為一體；我和那些家庭生活不快樂的人，心中不安或失根的人，對美好事物充滿渴望和憧憬的人，也是一體的；我和那些正瀕臨死亡而不知未來會發生什麼事，也不知該如何摧毀恐懼的人，同樣是一體的。我就是那個生活在貧病交加的國度、骨瘦如柴、沒有任何未來的小孩；我也是那個製造炸彈銷售給貧窮國家的商人。我既是池塘裡的那隻青蛙，也是那隻靠青蛙滋養身體的那條蛇；我是鳥兒們正在尋覓的蜻蜓或螞蟻，也是正在尋覓昆蟲的鳥兒。我是正在被砍伐的森林，我是被污染的河川；我也是那些砍伐森林、污染河川及空氣的人。我在眾生身上看見了自己，我也在自己的身上看見了眾生。

體認到我們就是眾生，心中的恐懼就會消解

　　如果能體認到我們就是眾生，心中的恐懼自然會消解，因為我們已經深入地認識了時空的次元。可是若想

<blockquote>我就是那個生活在貧病交加的國度、骨瘦如柴、沒有任何未來的小孩；我也是那個製造炸彈銷售給貧窮國家的商人。</blockquote>

眞的解除恐懼，就必須深觀到不生不滅的終極實相。我
們必須捨棄自己即是身體而終將死亡的概念。

　　修行到這個階段，我們才能發現無懼的本質。這便
是第三回合觸摸大地的修持。以下的冥思可以引領你進
入這樣的狀態。

吸氣，我知道我正在吸氣。（吸）

吐氣，我知道我正在吐氣。（吐）

吸氣，我覺察到海面的波浪。（浪）

吐氣，我對著海浪微笑。（我微笑）

吸氣，我覺察到浪中之水。（浪中之水）

吐氣，我對著浪中之水微笑。（我微笑）

吸氣，我看見海浪的誕生。（海浪的誕生）

吐氣，我對著生起的海浪微笑。（我微笑）

吸氣，我看見海浪的消逝。（海浪的消逝）

吐氣，我對著消逝的海浪微笑。（我微笑）

吸氣，我看見海水不生的本質。（水不生）

吐氣，我對著海水不生的本質微笑。（我微笑）

吸氣，我看見海水不滅的本質。（水不滅）

吐氣，我對著海水不滅的本質微笑。（我微笑）

吸氣，我看見我身體的誕生。（我身體的誕生）

吐氣，我對著我誕生出來的身體微笑。（我微笑）

吸氣，我看見我身體的毀滅。（我身體的毀滅）

吐氣，我對著我身體的毀滅微笑。（我微笑）

吸氣，我看見我身體不生的本質。（我身體不生的本質）

吐氣，我對著我身體不生的本質微笑。（我微笑）

吸氣，我看見我身體不滅的本質。（我身體不滅的本質）

吐氣，我對著我身體不滅的本質微笑。（我微笑）

吸氣，我看見我意識不生的本質。（意識不生）

吐氣，我對著我意識不生的本質微笑。（我微笑）

吸氣，我只覺察到我在吸氣。（吸）

吐氣，我只覺察到我在吐氣。（吐）

「我」不是我的身體

當我還是個見習僧的時候，我認為超越生死這件事是遙不可及的。我以為我今生都不可能了悟到這一點。然而生與死只是一種概念罷了，我們只需要超越這些概念就夠了。一旦體認到這一點，我才發現超越生死並非不可能的事。這兩種概念已經囚禁我們多生多世了。

現在我們才終於認清，我們是比身體更寬廣的。現在我們才認清，我們並沒有壽命的限制；我們是無量無

邊的。在禪定中我們體悟了這一點。如果我們成功地完
成了一、二回合的觸摸大地修持，第三回合的修持就像
兒童的遊戲那麼簡單了。第一回合若是垂直線，第二回
合就是水平線，第三回合則是在它們的周圍畫一個圓
圈。

　　第一次觸摸大地時，我們解除了我們和祖先及子嗣
是分開的概念。我們也捨棄了時間的概念。

　　第二次觸摸大地時，我們不再認為自己跟諸佛菩
薩、受苦的眾生、動物、植物以及其他事物是分開的，
於是我們也捨棄了空間的概念。

　　第三次觸摸大地時，我們不再認為我們就是自己的
身體，我們也不再受制於生死的概念。

　　我們通常會認為我們就是自己的身體。我們以為當
身體瓦解時，我們也跟著瓦解了。佛陀很清楚地昭示：
我們並不是自己的身體。

　　我經常問那些三十歲以下的年輕人：「一九六六年
我離開越南時，你們在哪裡？」他們不該回答我那時他
們還不存在。他們必須體認到，他們早就存在於父母及
祖父母的體內了。

他們不該回答我那
時他們還不存在。
他們必須體認到，
他們早就存在於父
母及祖父母的體內
了。

你不妨利用下面這些話語，來導引你進行第三回合的觸摸大地修持：

「觸摸大地，我不再認為我就是我的身體，或者我的壽命是有限的。」

（觸摸大地之前，請站在你喜歡的目標面前，進行短時間的觀想。）

我看見這副由四大假合的身體並不是真正的我，我是不受這副身體限制的。我是數千年來的精神始祖及列祖列宗的一部分，這道生命之流將會從眼前延續到未來的數千年後。我和我的祖先是一體的。我和所有的人及眾生都是一體的，不論他們是祥和無懼，或者充滿著痛苦和畏懼。當下這一刻我遍及地球的每個角落，我也存在於過去和未來。身體的瓦解不會影響到我，如同落下的梅花並不意味梅樹的終結一般。我體會到我就是海面的波浪，我的本質便是海中的水。我在所有的海浪中看見了自己，同時也在自己身上看見了所有的海浪。海浪的來去並不影響大海，我的法身和慧命也不受制於生滅。我的身體尚未示現之前以及瓦解之後，我仍然看得見我的身體。即使是當下這一刻，我都能看見我是存在於身體之外的。我的壽命不只是七十歲或八十歲，我的壽命像一片葉子或者像佛陀一樣是無限的。我不再認為

當下這一刻我遍及地球的每個角落，我也存在於過去和未來。身體的瓦解不會影響到我，如同落下的梅花並不意味梅樹的終結一般。

我的身體只是時空中的一個獨立個體。

曾深觀過時空真相的人，將體認到終極次元是什麼。深入地認識了海浪，你就能領會水的本質是什麼。

涅槃，就是去除所有的觀念和概念，讓實相充分顯露

佛陀說過，你的本質是不生、不滅、無來、無去、無存在、無不存在、無同、無異的。這則教法聽起來似乎有別於「生老病死是無法避免的」。深觀之下你卻發現，生、滅、來、去、存在或不存在都只是一種觀念罷了。我們必須去除所有的觀念，才能體悟終極實相或「如如」。

「如如」是一個佛教名相，意謂著實相只是「如此這般」罷了。你無法以言語道斷；你也不能描述它。你可以說「神」是「終極實相」，但任何一種對神的描述都是錯的。任何一種有關神的概念或觀念都無法描述神。「涅槃」也是同樣的情況。涅槃就是去除所有的觀念和概念，讓實相充分顯露出來。從歷史的層面來觀察海浪，我們一定會論及浪潮的生滅、高低、美醜、此彼等等。從終極次元來看，水，所有的形容詞，以及所有你用來描述海浪的概念，都不再生效；因為它是不生不滅、非

你可以說「神」是「終極實相」，但任何一種對神的描述都是錯的。任何一種有關神的概念或觀念都無法描述神。

此非彼、非高非低、非美非醜的。海浪不需要等到止息
之後才變成水,海浪此刻就是水了。

　　請現在就開始深觀,這樣你才不會在愛人過世的時
候,感傷自己和他或她已經天人永別。如果能產生深刻
的洞識,你就不覺得被遺棄了。我每天都在深觀周遭的
事物:樹木、山丘和我的朋友們。我在其中看見了我,
我的蹤影。我知道我永遠不會滅絕,我會繼續以不同的
形態示現出來。當我的朋友來看我的時候,除了肉眼看
得見的這副肉身之外,他們還應該看到其他形態的我。
當我的肉身將要消逝的那一刻,這項修持將會幫助他們
停止哭泣;因為這副示現出來的身體一旦消逝,其他形
態的示現才有展露的餘地。

這副示現出來的身
體一旦消逝,其他
形態的示現才有展
露的餘地。

①八正道:佛教徒修習解脫境界的八種法門。八正道為:(一)正見,具有四諦的見
　解。(二)正思維,思維四諦之義。(三)正語,不作一切非理的言談。(四)正
　業,清淨的行為。(五)正命,正當的謀生方式。(六)正精進,努力勤修正法。
　(七)正念,修習四念處。(八)正定,修習四禪八定。
②拉比(Rabbis):獲權威認可的猶太教導師和精神領袖之通稱。
③《本生經》:巴利文《小部》中的一部經典。內容為釋迦牟尼的前世故事,敘述釋
　迦牟尼前七世曾為國王、婆羅門、商人、女人等乃至動物所行善道,闡明佛教濟世
　度人的教義。
④菩薩:在大眾部佛教中,指一個已經完成一切必要準備進入涅槃,但為了協助其他
　人達到涅槃而選擇延後進入涅槃的人。

⑥普賢：在漢傳佛教為菩薩名，在藏傳佛教也可為佛陀名。或譯普賢、遍吉等。象徵佛陀理德、行德的菩薩，與文殊菩薩之智德、證德相對。為佛陀釋迦牟尼的右脅侍，和佛陀、文殊菩薩合稱華嚴三聖。中國佛教的四大菩薩之一。其塑像多騎六牙白象，代表佛法的大悲力。道場在四川峨嵋山。

⑦文殊師利：佛教菩薩名。簡稱為「文殊」。象徵佛陀智慧的菩薩。在中國，他和觀音、地藏、普賢並稱四大菩薩。中國佛教徒相傳山西五臺山是文殊師利的道場。其外形為頂結五髻、手持寶劍的童子形。或作「曼殊室利」、「妙吉祥」。

⑧地藏王菩薩名佛教菩薩。四大菩薩之一。根據《地藏菩薩本願經》的說法，他原是婆羅門子，曾祈求釋迦牟尼幫他邪惡的母親脫離地獄，後誓度盡地獄中一切眾生。他被認為是菩薩大願的代表。雖然《地藏菩薩本願經》可能是中國人撰寫的，但不會因此影響中國佛教徒對他的信仰。傳說他曾化身投牛新羅國王族，姓金名喬覺，出家來華，入九華山，居數十年圓寂，肉身不壞，因此九華山被認為是地藏菩薩的道場。地藏菩薩的像多作比丘相，有光環，兩眉間蓄髮一簇，手持法杖。

⑨地獄道：「六道」之一。佛家認為一切眾生沉淪三界之內，由其所造作之罪業不同，因而輪迴六道當中。六道有善惡之別，天、人、阿修羅屬於三善道；畜生、餓鬼、地獄屬於三惡道，亦稱三塗，即血塗、刀塗、火塗。六道當中以地獄道最苦，凡造五逆、十惡、謗法破戒，皆招感地獄果報。

⑩常不輕菩薩：又作常被輕慢菩薩，略稱不輕菩薩。《法華經‧常不輕菩薩品》中所說之菩薩，係過去威音王佛滅後像法時出世之菩薩比丘，即釋尊之前身。此菩薩每見比丘、比丘尼、優婆塞、優婆夷，皆悉禮拜讚歎，眾人聞言而有生怒者，以瓦、石、木杖等擊之，然常不輕菩薩恭敬依然，乃至遠見四眾，亦復禮拜讚歎如昔，以故增上慢之四眾稱之為常不輕。亦即表現大乘佛教精神之一位重要菩薩。

⑪《妙法蓮華經》：書名。後秦鳩摩羅什譯，七卷，另有西晉竺法護譯《正法華經》十卷、隋闍那崛多和達摩笈多譯的《添品妙法蓮華經》七卷，都是本經的同本異譯。本經的重點在調和大小乘的衝突，以為一切眾生都可成佛。且以種種譬喻闡述佛法深刻的思想，普受歡迎，也是天台宗和日本蓮宗教理的依據。簡稱為《法華經》、《蓮經》。

⑫妙音菩薩：音譯曼殊瞿沙菩薩。在《法華經‧妙音菩薩品》中，載有此菩薩之功德。然在密教中，此尊與文殊師利同尊，表文殊說法之德。據《大日經疏》卷一載，妙吉祥菩薩又稱妙德、妙音；以其大慈悲力之故，開演妙法音，令一切眾生得聞。在胎藏界現圖曼荼羅中，此尊位於文殊院中央之北方第五位。玄法、青龍二儀軌謂之為五髻文殊，表如來之五智。在現圖曼荼羅中，其形像為童子形，有三髻，身呈黃色，右拳豎起，置於胸前，持青蓮花，左掌向上仰，橫持梵篋，跏趺坐於赤蓮花上。其種子與三昧耶形等均與文殊菩薩相同。

⑬普賢菩薩有十大行願：（一）禮敬諸佛。（二）稱讚如來。（三）廣修供養。（四）懺悔業障。（五）隨喜功德。（六）請轉法輪。（七）請佛住世。（八）常隨佛學。（九）恆順眾生。（十）普皆迴向。此處所指乃為第二願行：稱讚如來。

⑭《八大人覺經》：全一卷。後漢安世高譯。收於《大正藏》第十七冊。本經以說明諸佛菩薩等大人應覺知思念之八種法。佛弟子須觀察體會八大人覺，以作自覺、覺他之修行。本經之八大人覺係指覺世間無常、覺多欲、覺心不足、覺懈怠、覺愚癡、覺貪怨、覺欲過患、覺生死。這八種法是諸佛菩薩覺悟之法，為了度脫眾生而往還於生死之間教化眾生的法門。

第九章
陪伴臨終者

請不要等到臨終時才去閱讀和修持。請在當下就開始深觀，這樣我們才能和不生不滅、無來無去、不同不異的本質相應。能如此深觀，便能止息心中的哀傷和痛苦。

給孤獨長者（Anathapindika）來自於喜瑪拉雅山腳恆河北岸的拘薩羅國（Koshala），是佛陀身邊的一位在家弟子，也是一位成功而受人尊崇的商人。他真正的名字是須達多（Sudatta），但人們尊稱他為「給孤獨長者」，意思是：照顧貧民的仁者。他不遺餘力地幫助窮人、孤兒以及無家可歸的人，因而贏得了人們的感佩。

佛陀是什麼人物？

三十歲左右的某一天，他因生意上的需要前往王舍城（Magadha），當時佛陀也在那裡。他抵達王舍城的第一件事，便是去看望妹妹和妹婿。他很驚訝地發現自己並未受到像以往一般的殷勤招待。他問妹妹為什麼不多花點時間陪他，妹妹說：「因為全家都在忙著準備接待一位名叫『佛陀』的偉大導師。」聽到佛陀的名字，他感到相當好奇，於是問妹妹：「佛陀是什麼人物？」妹妹給予佛陀的高度讚譽，令他很想立刻就見到佛陀。

第二天一大清早，他便趕赴佛陀傳法的「竹林精舍」（Bamboo Grove Monastery）。佛陀的話語深深撼動了他。他向佛陀頂禮，並邀請佛陀到他的家鄉為友人及家人開示。雖然當時只是佛陀初轉法輪①的第三年，追隨

佛陀的話語深深撼動了他。他向佛陀頂禮，並邀請佛陀到他的家鄉為友人及家人開示。

他出家的僧眾已經有一千兩百多人了。舍利弗②是其中經常伴隨佛陀四處遊化的僧人之一。未皈依佛陀之前，他已經是相當著名的精神導師了；成為佛陀的弟子之後，他的師弟和徒弟們也跟著皈依了佛陀。

佛陀接受了給孤獨長者的邀約，不久便準備起身前往拘薩羅國的首都舍衛城（Shravasti）。給孤獨長者必須率先返回舍衛城，準備迎接佛陀的光臨，但是他需要一名僧人結伴同行，增添一些助力。佛陀要舍利弗伴隨給孤獨長老回鄉做準備，因為他十分擅長於團體活動的策畫。這兩個人，一位是僧人，一位是在家居士，不久便結成了摯友。

僧眾和在家眾可以成為知心的朋友

有些人以為僧眾只能接近僧眾，在家眾只能接近在家眾，這樣的想法顯然不正確。如果在家眾和出家眾都渴望修習正念，也都能深觀的話，他們將會成為摯友、同修和工作夥伴，彼此是沒有差別的。僧眾可以成為很好的出家修行人，在家眾也可以成為很好的在家修持者，他們會變成知心的朋友。

給孤獨長者很想把拘薩羅國的一塊地獻給佛陀興建

如果在家眾和出家眾都渴望修習正念，也都能深觀的話，他們將會成為摯友、同修和工作夥伴，彼此是沒有差別的。

寺廟。四處尋找了一番之後，他覺得只有一個地方的風景夠美。那是一座幽美的林園，土地屬於拘薩羅皇室裡的祇陀太子。給孤獨長者非常富有，所以他認為自己可以說服那位王子出售其土地。王子在這塊地上種了許多美麗的大樹，所以這不只是一塊地而已，它就像天堂一般。給孤獨長者向王子提出要求，王子一口回絕了。給孤獨長者拿出更多的錢，王子還是拒絕了。最後給孤獨長者問道：「你要多少錢，我都願意付給你。」王子答道：「你若是能把這塊地鋪滿金箔，我就把它賣給你。」其實王子說的是一句玩笑話，他根本不相信給孤獨長者會接受他的要求，但長者真的接受了。

其實王子說的是一句玩笑話，他根本不相信給孤獨長者會接受他的要求，但長者真的接受了。

不久，給孤獨長者便帶著足夠的金箔，試圖將這整塊地都鋪滿，可是王子仍然不想賣地。後來王子的親信建議他說：「你必須賣這塊地，因為你是皇室的王子，你已經答應別人就不能食言了。」

祇陀王子很難理解，為什麼區區一位精神導師，竟然能讓給孤獨長者心甘情願花這麼多錢買地做為捐贈之禮。後來有人告訴他，佛陀雖然只是一位年輕的導師，但是已經徹悟實相，他的智慧和悲心都是無與倫比的。看見給孤獨長者有這麼虔誠的信仰，祇陀王子深受感動，他在長者即將用金箔鋪滿那塊土地時，及時制止了

長者的舉動。王子說道：「你給我的金子已經足夠了。我願意將這塊地上所有的樹都送給佛陀作禮物。」這就是爲什麼此地後來被稱作「祇樹給孤獨園」（譯注：簡稱爲「祇園精舍」）的原因。土地是給孤獨長者買下來獻給佛陀的，樹木卻是祇陀王子捐贈的。佛陀非常喜愛這座林園，一連二十年的雨季，佛陀都在這塊土地上結夏安居③。今日你仍然可以到這所公園參觀，上面還有一座古老佛寺的殘餘建築物。

給孤獨長者自從和佛陀見面之後，數十年裡一直不斷地幫助窮人，護持佛、法、僧，他和拘薩羅的國王都是佛陀的摯友。

給孤獨長者有個幸福的家庭，他的妻子和兩個小孩後來也成了佛陀的弟子。他們全家每週都去祇園精舍聽佛陀開示，學習正念修持。給孤獨長者也經常帶一些富商去見佛陀，接受他的開示。有一回他甚至帶了五百多個商人去祇園精舍，那次佛陀特別爲在家眾開示了修持的法門，並因此而傳爲佳話。給孤獨長者大部分的朋友接受過五戒，他終其一生均以歡喜心護持佛、法、僧。雖然他成就過許多事業，但也面臨過艱難的困境。有一次他失去了所有的財產，後來透過屬下和朋友的幫助，才重新建立起自己的事業和財富。

你給我的金子已經足夠了。我願意將這塊地上所有的樹都送給佛陀作禮物。

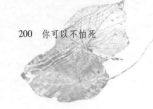

以安詳的心情面對死亡

聽 到 他 生 病 的 消息，佛 陀 前 去 探 望他，並 鼓 勵 他 在 病榻 上 還 要 繼 續 觀 呼吸。

結識佛陀三十五年以後，給孤獨長者罹患了重病。聽到他病危的消息，佛陀前去探望他，並鼓勵他在病榻上還要繼續觀呼吸。佛陀接著指示舍利弗要好好照顧他的老友。佛陀要舍利弗在拘薩羅多停留一些時間，幫助給孤獨長者以安詳的心情面對死亡。

舍利弗發現給孤獨長者的病情正在急速惡化，於是要求他的師弟阿難尊者④陪他一同探望這位老友。阿難是佛陀的堂弟，憑著博聞強識，他將佛陀的言教完全背誦了下來。因為有他，我們今日才能聽聞到佛法。

結束了那天的化緣之後，他們二人便立刻前往給孤獨長者的住家。長者很高興看見兩位僧人來訪，因為他正需要他們的幫助。他勉強坐起身來，想以正式的禮儀接待他們，但是做不到，因為身體實在太虛弱了。

舍利弗對他說：「我的老友，你不用坐起來，躺著就行了，我們自己會搬兩張椅子坐在你身邊的。」舍利弗接著問道：「你身上的感覺如何？痛不痛？如果覺得痛，那份痛感是在增加，還是在減少？」

給孤獨長者答道：「我身上的疼痛一直在增加，好像一點也沒減少。」

　　舍利弗接著對他說：「如果是這種情況，我們就該一起來觀想三寶⑤。」於是他開始導引長者進行三寶的觀想，一旁還有阿難尊者的協助。舍利弗是佛弟子中智慧最高的一位。他就像是佛陀的右手臂一樣，也是上萬僧尼的大師兄。他知道給孤獨長者多年來因護持而得到莫大的喜樂；他也知道在這麼艱難的時刻裡進行這樣的觀想，可以幫助他灌溉喜悅的種子。

　　他幫助給孤獨長者憶起佛、法、僧三寶的美好本質，不到五、六分鐘的時間，給孤獨長者全身的疼痛已經減輕了，心中的喜悅種子也得到了灌溉。他恢復了身心的平衡而終於露出笑容。

為重病或垂死之人帶來喜悅

　　為重病或垂死之人帶來喜悅是非常重要的修持。我們心中都有喜悅的種子。病重或是瀕臨死亡時，都應該有朋友坐在我們身邊，幫助我們和心中的喜悅種子相應，否則恐懼、懊悔或絕望將會輕而易舉地淹沒我們。

　　當給孤獨長者的臉上露出笑容時，舍利弗知道他心中的苦受與樂受已經得到了平衡。他請給孤獨長者繼續觀想下去。他說：「老友，請跟著阿難和我一起觀想。

病重或是瀕臨死亡時，都應該有朋友坐在我們身邊，幫助我們和心中的喜悅種子相應。否則恐懼、懊悔或絕望將會輕而易舉地淹沒我們。

吸氣時，我體認到這副身體並不是我；吐氣時，我知道自己並不受制於這副身體。我的生命是無邊無際的。我從未誕生過，我永遠也不會滅亡。」

瀕臨死亡時，你對自己身體是很難有所覺察的。你可能已經麻木無感，但仍然會認為這副身體就是自己。你會認為身體的瓦解便是自我的瓦解，所以你感到驚怖。你怕自己化為烏有。然而身體的瓦解，並不影響垂死之人的真實本性。你必須向他說明他的生命是無限的。我們的身體就像雲一樣，也是示現出來的。當雲不再是雲的時候，它並沒有消失。它不會化為烏有，它只是轉成了別的形態；它變成了雨。因此我們不該認同我們的身體。這副身體並不是我，我不受制於這副身體。我的生命是無限的。

我們比自己的感官還要寬廣

這對眼睛並不是我，我不受制於這對眼睛，我的生命是無限的……

我們應該順著眼、耳、鼻、舌、身、意五根進行這項修持：「這對眼睛並不是我，我不受制於這對眼睛，我的生命是無限的；這對耳朵並不是我，我不受制於這對耳朵，我的生命是無垠的；這個鼻子並不是我，我不受制於這個鼻子，我的生命是無邊無際的。」這項修持

可以幫助我們不再認同自己的眼、耳、鼻、舌、身、意。若是深入地探索五蘊⑥和五種感官，我們將會發現我們並不是它們。我們比自己的感官要寬廣得多。身體停止示現並不影響我們的本性。

接下來讓我們再看一看，還有什麼其他的東西，被我們當成了自己眞實的身分。除了身體和五種感官之外，還有色、受、想、行、識這「五蘊」的活動。我們必須深觀每一蘊，然後對自己說：「這些東西都不是我。」感受、認知和概念都是生滅不已的，它們都不是我。分別意識則如同認知、感受和思惟的形成，也只是一種示現罷了。條件具足時，這些東西就會示現出來，條件不足，這些東西就不存在了。無論存在或不存在，這些示現都不是我。

舍利弗導引給孤獨長者藉助五種感官和五蘊進行觀想，於是給孤獨長者終於體認到它們都不是他。接著舍利弗又導引他觀想「四大⑦」。他對給孤獨長者說：「我的好友，讓我們來進行『四大』的觀想。我身上的『地大』（指身上的皮肉、筋骨和內臟等堅實的物質）並不是我「火大」或是能保暖及消化食物的熱能也不是我，我是不受火元素或熱能所縛的。我體內的水元素也不是我，我裡裡外外都是水元素，但是我並不受制於水元

我們必須深觀每一蘊然後對自己說：「這些東西都不是我。」

素。我體內的風元素也不是我，因為我的生命是無邊無際的。」舍利弗如此這般導引給孤獨長者。

不受制於來去生滅的概念

接著給孤獨長者被兩位老友帶領著，繼續觀想生命的依他起性。「我的老友，讓我們來更深入地看一看。當條件具足時，我們的身體就會示現出來，所以它不是從任何一處來的。它瓦解之後，也不會去往任何一方。」事物若是示現出來，我們不能說它們就是存在的；事物若是停止示現，我們也不能說它們是不存在的。我們不受制於來去、存在與不存在、生滅、異同的概念。這項修持和教法等同於我們對雲朵、火焰或向日葵的深觀。

給孤獨長者觀照到這個階段時，禁不住哭了起來。阿難感到相當驚訝。阿難比舍利弗要年輕許多，他無法察覺給孤獨長者在那幾分鐘裡的轉化和解脫。他以為長者是在懊悔某件事，或者因觀想不成而感到挫敗，於是他問道：「我的好友，你為什麼哭，你在懊悔嗎？」

給孤獨長者說道：「不是的，阿難尊者，我不是在懊悔。」

阿難接著問道：「是因為觀想不成嗎？」

事物若是示現出來，我們不能說它們就是存在的。事物若是停止示現，我們也不能說它們是不存在的……

給孤獨長者答曰：「不是的，阿難尊者，觀想其實很有效。」

阿難又問道：「那你爲什麼會哭？」

給孤獨長者含淚答道：「阿難尊者，我哭是因爲我太感動了。我爲佛、法、僧已經服務了三十五年，卻從未聽聞過舍利弗今天教給我的殊聖法門。我實在太高興了！我感到無比的自由！」

這時阿難告訴他說：「你可能不太清楚，其實這個方法是僧團尼眾每日都要修持的。」

再忙碌，也要修持

給孤獨長者面帶微笑，以虛弱的語氣說道：「親愛的阿難尊者，請你回去告訴佛陀，雖然大部分的在家眾都很忙碌，無法撥出時間來聽聞和修習此法，不過我們之中有些人還是有餘暇可以聽聞和修習此法。請你代我懇求佛陀，讓我們在家眾也能修持這個法門。」

阿難尊者知道這是給孤獨長者最後的請求，於是立即答應了他：「我一定會照你的話去做的。我一回到祇園，立刻會把這件事告訴佛陀。」兩位和尚離開後不久，給孤獨長者便平靜而無痛地過世了。

雖然大部分的在家眾都很忙碌，無法撥出時間來聽聞和修習此法，不過我們之中有些人還是有餘暇可以聽聞和修習此法。

不要等到臨終，當下就開始深觀

　　這個故事被記載在某一次的開示記錄裡，後世稱之為〈給臨終者的教示〉。我建議每個人都應該研讀這篇經文，然後依法修持。請不要等到臨終時才去閱讀和修持。請在當下就開始深觀，這樣我們才能和不生不滅、無來無去、不同不異的本質相應。能如此深觀，便能止息心中的哀傷和痛苦。精進地修持此法，可以滋養心中無懼的因子，臨終時才能快樂安詳地離去。

　　快樂地活著，安詳地離去，是可以做到的事，只要我們能明瞭，我們將會以其他的形態示現出自己。若是能發展出無懼的勇氣和定力，我們就能幫助別人安詳地往生。我們之中有許多人仍然害怕自己會不存在，因為有這份恐懼，所以飽受痛苦。基於這個理由，我們必須向死者說明，我們的生命只是一種示現；還有其他形態的示現。這樣我們才不會被生滅的恐懼所影響。我們必須明瞭，生滅只是一種概念罷了，憑著這份重要的洞識，我們就可以脫離恐懼了。

　　我從《增一阿含經》⑧〈給臨終者的教示〉裡擷取了一些句子，編成了一首歌謠，它很適合為臨終的人吟誦：

請不要等到臨終時才去閱讀和修持。請在當下就開始深觀，這樣我們才能和不生不滅、無來無去、不同不異的本質相應。

這副身體不是我；我不受制於這副身體，

我的生命是無邊無際的，

我從未誕生，也從未死亡過，

浩瀚的大海和無量的銀河

都是從根本識中變現出來的。

我從無始以來就是解脫的。

生與死本是我們出入的一扇門。

生與死只是一場捉迷藏的遊戲。

請牽著我的手，面帶微笑揮手告別。

明日，甚至之前，我們會再度相遇。

殊途同歸，我們終有一天會在真正的源頭相見。

　　第一句歌詞還可以改成：這對眼睛……這對耳朵……
…這個鼻子……這個舌頭……這顆心……這些形體……
這些聲音……等等。（譬如，這對眼睛不是我；我不受
制於這對眼睛……）

　　對臨終者吟誦這首歌謠，可以促使他們不再認為自
己有個不變的身分，也不再認為這個身分跟身心的任何
一部分是相連的。一切由因緣和合的東西都會瓦解，我
們真實的本性卻不會消失。這種導引式的觀想，能幫助
我們跳脫我們就是這副身體，我們就是這些思維或情緒

一切由因緣和合的
東西都會瓦解，我
們真實的本性卻不
會消失。

的概念。這些東西都不是我們,我們的生命是無限的。我們不受制於生,不受制於死,不受制於存在,也不受制於不存在。這才是生命的實相。

因此,生活不要太忙碌,請花點時間修持。讓我們今天就開始學習快樂、祥和而喜悅地過日子。請學習深觀的修持,明瞭生命不生不滅的本質,這樣我們就能安詳而無懼地往生了。這是每個人都能做到的事。

能無懼生死,才能陪伴臨終者

如果你能修持到無懼的程度,那麼當你的友人或親人臨終時,你就能幫助他們。你必須知道什麼事是自己須做的,什麼事是不須做的。你應該有善用時間的智慧,不要浪費時間做一些無謂的事。你不需要太富有或過於追逐名望及權力,你真正需要的是自由、祥和、喜悅及充實感。你需要一些時間和精力與別人分享這些生命的品質。

我們的快樂並不是奠基在金錢和名望之上,我們的安全感往往取決於是否能持續修持正念。若是能修持正念,得到佛、法、僧的照顧,我們自然會感到知足常樂。我們的眼睛會變得清明,我們會露出活潑的笑容,

你必須知道什麼事是自己須做的,什麼事是不須做的。你應該有善用時間的智慧,不要浪費時間做一些無謂的事。

我們的腳步會穩健地踏在解脫道上，而我們的快樂也會影響到周遭的人。我們不會把時間浪費在膚淺的事物上，而會利用時間修行以改善生命的品質。這是我們能留給子孫最寶貴的一份禮物，也是我們能和朋友分享的最有價值的事。我們需要花些時間來聞、思、修佛陀的法教，如同給孤獨長者在臨終時依法而觀一樣。

皈依僧，把僧團視為家人、朋友和社群，可以幫助我們改變生活的方式。我們必須在當下活出祥和及喜悅，而不是等到未來。我們必須在此時此地生起幸福之感，在當下這一刻活出祥和及喜悅。沒有任何道路可以通往快樂──快樂的本身即是道路。

每個人應該在早年就接觸到舍利弗的開示。給孤獨長者能夠在最後一刻聽到這則教誨，已經是很幸運了。萬事皆無常，我們無法逆料什麼時候自己會剩下最後一口氣。我們也許無法像給孤獨長者那麼幸運，臨終時還有道友在身旁導引我們觀想，所以不該等到一切都太遲的時候，才急著修持。我們應該在當下就學會此法，這樣我們才有能力在臨終時引渡自己。

我們必須在此時此地生起幸福之感，在當下這一刻活出祥和及喜悅。沒有任何道路可以通往快樂──快樂的本身即是道路。

我從未誕生過，我永遠也不會死亡

　　一九九〇年初，我正要前往紐約上州的歐米茄中心
（Omega Institute）帶領一次閉關活動。途中聽說我們的
一位老友已經住進紐約市的一所醫院裡，正瀕臨死亡邊
緣。他名叫艾爾弗列德‧海斯勒（Alfred Hassler），曾經
當過「和平聯誼會」（Fellowship of Reconciliation）的會
長。一九六六年至一九六七年之間，他和我一起在許多
國家奔走，發起結束越戰的和平運動。

　　後來我因為在西方世界公開譴責南北越違反人權的
作法，所以不能再回到越南，艾爾弗列德曾代表我到越
南進行協調工作。他幫助我們的朋友建立照顧難民和戰
俘的營區，我們共同認養了八千多個孤兒。一九六六年
我應邀到美國訪問演講，主辦單位就是「和平聯誼會」。
我在那次訪問中曾公開呼籲停止越戰。

　　真空比丘尼（Sister Chan Khong）和我抵達醫院
時，艾爾弗列德已經昏迷不醒了。他的妻子桃樂賽和女
兒蘿拉都陪在他身邊。蘿拉很小便加入我們在巴黎的
「越南佛教和平代表團（Vietnamese Buddhist Peace Dele-
gation）」的義工工作。

　　桃樂賽和蘿拉看到我們，表情非常高興。蘿拉竭盡

所能地想讓艾爾弗列德恢復意識，她大聲說道：「爸爸，爸爸，一行禪師來了！真空比丘尼也來了。」但是艾爾弗列德並沒有恢復意識；他仍然昏迷不醒。我請真空比丘尼對他唱誦：「這副身體不是我，我不受制於這副身體。我的生命是無邊無際的，我的生命是無限的，我從未誕生過，我永遠也不會死亡。」她接著唱了第二遍，然後又唱了第三遍。在唱第三遍的時候，艾爾弗列德突然張開了眼睛。

　　蘿拉開心極了！她說道：「爸爸，一行禪師在這裡，你知道嗎？真空比丘尼也在這裡，你知道嗎？」艾爾弗列德仍然無法說話，但仔細看他的眼神，我們可以感覺到，他其實很清楚我們正站在他前方。真空比丘尼開始和他談起我們過去在越南推廣和平運動的往事：「艾爾弗列德，你還記不記得那次你到西貢去見柴廣比丘（Monk Tri Quang）的事？當時美國政府已經決定在前一天轟炸河內，柴廣比丘非常生氣，他發誓不再和任何一個西方人晤談，鴿派⑨和鷹派⑩都一樣。」

要減輕痛苦，就要灌溉快樂的種子

　　「當時你抵達他的住所時，他拒絕為你開門。艾爾

> 這副身體不是我，我不受制於這副身體。我的生命是無邊無際的，我的生命是無限的，我從未誕生過，我永遠也不會死亡。

我是以朋友的身分
來幫助你們結束這
場戰爭的，所以我
不是你們的敵人。

弗列德，你記不記得你坐在他門外，拿出一張紙條，然
後在上面寫道：『我是以朋友的身分來幫助你們結束這
場戰爭的，所以我不是你們的敵人。從此刻起我將不吃
不喝，直到你為我開門為止！』然後你就把那張紙條塞
進了門縫裡，你還記得嗎？你說：我會一直坐在這裡，
等到你開門為止。這件事你還記得嗎？十五分鐘過後，
門開了，他笑容滿面地請你進入屋內。艾爾弗列德，你
在羅馬的那段期間，有三百位天主教的修士徹夜不眠地
進行反戰示威。他們每個人身上都寫著一位西貢比丘的
名字，這些比丘因為拒絕被徵召入伍而鋃鐺入獄？」真
空比丘尼繼續對他談起我們過去在和平運動上共同度過
的快樂時光。她灌溉了艾爾弗列德快樂的種子，這個做
法非常有效，跟舍利弗為給孤獨長者所做的事完全一
樣。艾爾弗列德的快樂來自於他為和平運動所付出的努
力，以及幫助別人脫離痛苦所付出的善意。當這些快樂
的種子得到灌溉時，他心中的苦受與樂受便恢復了平
衡，他的痛苦也因此而減輕許多。

　　我為他按摩雙腳時心裡想著，臨終者對自己的身體
可能已經喪失知覺，因為他的身體似乎完全麻痺了。這
時蘿拉問道：「爸爸，你知不知道一行禪師正在按摩你
的腳。」他沒有說話，但仔細看他的眼睛，我們很確定

他知道我們在他身邊。這時他突然開口說道：「好極了，好極了！」接著又昏迷不醒了。

當天晚上我必須在歐米茄中心作一場閉關活動的演講。我們向桃樂賽和蘿拉告別，並囑咐他們要像真空比丘尼和我所採取的方法一樣：繼續對艾爾弗列德說話和唱誦。第二天早上我接到桃樂賽傳來的簡訊，她說我們離開幾小時後，艾爾弗列德已經平靜地往生了。

以祥和的心境導引彌留的人

如果我們能以祥和的心境導引彌留的人，他們還是能聽見我們的話語。十年前有位美國大學生住在波爾多，他聽到母親在家中即將去世的消息，難過地痛哭了好幾回。他不知道當他返回加州時，母親是否還活著。真空比丘尼要他立刻飛回加州，如果回到家時母親還活著，他就應該用舍利弗的方法導引他的母親。她建議他應該向母親提及他們曾享有過的美好時光；他應該幫助她憶起早年的婚姻生活，以及她年輕時的快樂經歷。他應該重提這些往事，因為這麼做會帶給她喜悅，即使她喪失了意識。

他應該重提這些往事，因為這麼做會帶給她喜悅，即使她喪失了意識。

當他到達醫院時，她已經不省人事了。雖然他並不

全然相信一個昏迷不醒的人還能聽見別人的話語，他還
是照著真空比丘尼的方法去做了。醫生告訴他，他的母
親已經昏迷了一個禮拜，醫生們不再期待她還能恢復意
識。可是他仍然懷著滿心的愛在母親耳邊講了一個半小
時的話。講完這些話之後，她突然醒了過來。

在臨終者的床邊，安住於自己的身心靈，你將會幫
助這個人自在地往生。

在臨終者的床邊，
安住於自己的身心
靈，你將會幫助這
個人自在地往生。

幾年之前，真空比丘尼有一次到醫院探望她的姊
姊。姊姊接受肝臟移植手術兩年後引起了併發症，痛苦
不堪，所以住進了醫院。真空比丘尼走進病房時，發現
家裡所有的人都放棄了希望。雖然她姊姊神智已經不
清，但仍然不停地翻滾，痛苦地呻吟尖叫。她的孩子
們，包括一名當醫生的女兒，都束手無策。

真空比丘尼帶了一卷梅村僧尼唱誦的觀音聖號錄音
帶。她把這卷錄音帶放在姊姊床邊的錄放機中，然後幫
姊姊帶上耳機，把聲音開到幾乎是最高的音量。五、六
分鐘之後，令人驚訝的事發生了。她的姊姊完全平靜了
下來，不再翻滾，也不再呻吟和尖叫。她一直平靜了五
天之後，便安詳地往生了。

快樂的種子，是醫生無法觸及的

這五天之中，真空比丘尼的姊姊不斷聽著觀音菩薩
的聖號。她以前便時常到佛寺中走動，所以對觀音聖號
已經耳熟能詳。在病榻上再度聽到這卷錄音帶，喚起了
她以往最美好而快樂的回憶。她是一個有信仰、有宗教
傾向的人，她聽過許多有關佛法的開示，也聽過法師們
誦持的經典。這卷由僧尼唱誦的錄音帶，灌溉了她心中
快樂的種子，而這些種子是醫生無法觸及的。其實真空
比丘尼為姊姊所做的事，每個人都可以做到，只是沒人
想過可以用這個方法。

> 這卷由僧尼唱誦的
> 錄音帶，灌溉了她
> 心中快樂的種子，
> 而這些種子是醫生
> 無法觸及的。

我們的意識就像一台有許多頻道的電視機，只要在
遙控器上按一個鈕，我們選擇的那一台就會出現畫面。
如果陪伴在臨終者的身邊，我們必須知道自己要選的是
哪一台。跟死者最親近的人，對這一點往往是最清楚
的。如果你正在陪伴某位瀕臨死亡的人，你應該善用一
些音聲和意象，來灌溉他們心中快樂的種子。每個人心
中都有淨土和涅槃、神的國度和天堂的種子。

我們若是懂得修持和洞察不生不滅的實相，並體認
到來去只不過是一些概念，而能保持內心的穩定與祥
和，我們就能幫助臨終的人。我們可以幫助他們去除恐

我們會發現死亡或恐懼都不是實存的，存在的只有不斷在延續中的無量化身。

懼，減輕痛苦，安詳地往生；我們也能幫助自己無懼地生活，安詳地往生，並了悟到死亡是不存在的。我們會發現死亡或恐懼都不是實存的，存在的只有不斷在延續中的無量化身。

①初轉法輪：佛教稱闡說佛法為「轉法輪」。初轉法輪指的是釋迦牟尼初次傳道，在鹿野苑向憍陳如等五位弟子說「四聖諦」、「八正道」的事。

②舍利弗（Venerable Shariputra）：生而為婆羅門，在他的時代被人們視為有力的印度教發言人，在與佛陀辯論各自宗教的優點後便改信佛教。舍利弗走遍印度，帶領許多人皈依佛教，是佛陀的明確繼承人。今日被供奉為智慧之神。

③「結夏安居」：又稱「安居」，其意義是出家眾在農曆夏季（四月十六日至七月十五）的三個月內結界安居，非為父母師長三寶事，不得出界，以致力修行，名為「三月結夏，九旬安居」。其起因是由於在佛陀的時代，印度的夏季雨季長達三個月之久，一切僧眾或在山間禪定，或在樹下經行，衣缽因此常為雨水所流失；而在夏季期間，地上的蟲蟻常出來爬行覓食，僧眾們沿路乞食不免踩傷地面上的蟲類及草樹的新芽，是故佛陀基於慈悲，避免居士們的譏嫌及實際上的需要，遂制定了夏季三個月，出家眾在界內精進用功的夏安居。佛陀作有系統的說法，大都在夏安居的時候，因為在夏天約九十日期間的雨季，不便到外面去乞化度生，所以就集合各方弟子於一處，講述修行法門及宇宙人生的真理。後來大乘經典的結集，大都是佛陀夏安居時所說的言教。

④阿難尊者（Venerable Ananda，? -463 B.C.）：全名是「阿難陀」，有歡喜、慶喜、無染之意。是提婆達多的親弟弟，也是佛陀的堂弟，後來跟隨佛陀出家。佛陀五十五歲時，選阿難為常隨侍者，當侍者達二十五年，為佛陀的十大弟子之一。因為他專注地服侍佛陀，對佛陀的一言一語謹記無誤，因此又被稱為「多聞第一」。佛滅後最初集結的經典，如《阿含經》、《譬喻經》、《法句經》等，都是由阿難尊者所誦出的。迦葉尊者在佛祖涅槃後成為「初祖」，統領廣大佛家弟子。迦葉圓寂後，阿難尊者繼承迦葉率領徒眾宏揚佛法，被後世尊成為「二祖」。在寺院中，阿難與迦葉總是侍立在佛祖的兩邊，成為佛祖的脅持。

⑤三寶：佛教以佛陀是佛寶，佛的教法是法寶，出家團體為僧寶，此三者能令人止惡、行善、離苦、得樂，極為尊貴，故稱為「三寶」。

⑥五蘊：佛教用語。蘊為堆、積聚的意思。佛教稱構成人或其他眾生的五堆成分為「五蘊」。分別為色蘊、受蘊、想蘊、行蘊、識蘊。其中除色蘊之外，其餘皆屬精神層面。色指組成身體的物質，受指感覺，想指意象、概念，行指意志，識指認識分別作用。由於每一種蘊都是由許多分子積聚而成，故稱為「蘊」。

⑦四大：四大種的略稱，又稱四界。佛教之元素說，謂物質（色法）係由地、水、火、風等四大要素所構成。即：（一）本質為堅性，而有保持作用者，稱為地大。（二）本質為濕性，而有攝集作用者，稱為水大。（三）本質為暖性，而有成熟作用者，稱為火大。（四）本質為動性，而有生長作用者，稱為風大。文中所言，應是據《圓覺經》所載，四大，乃指由地、水、火、風四大和合而成之人身。即：（一）地大，地以堅礙為性，如人身中之髮毛、爪齒、皮肉、筋骨等均屬之。（二）水大，水以潤濕為性，如人身中之唾涕、膿血、津液、痰淚、大小便等均屬之。（三）火大，火以燥熱為性，如人身中之暖氣屬之。（四）風大，風以動轉為性，如人身中之出入息及身動轉屬之。若此四大不調，則易致病。

⑧《增一阿含經》：北傳佛教四阿含經典之一。東晉瞿曇僧伽提婆譯，51卷。與南傳《增支部》大體相應，共收474經，因經文按「法教」順序從一法增至十法、十一法，相次編纂，故名。分52品，記述佛經與弟子們的事跡，說出家在家的戒行，論述四諦、十二因緣等基本教義。因有「六度」、「三乘」等字句，被認為是大眾部傳本，收於《大正藏》第2冊。

⑨鴿派：鴿為和平的象徵，主張以和平手腕解決紛爭的一派。

⑩鷹派：鷹為強猛的象徵，主張以強硬手段解決紛爭的一派。

幸福的修煉

The Transformed mind：reflections on truth, love and happiness

作者｜達賴喇嘛｜H. H. Dalai Lama
譯者｜雷奴卡·塞加｜Renuka Singh
譯者｜項慧齡

什麼是快樂？什麼是幸福？

當你的心被憤怒和沮喪纏繞時，你可能忘了你的心也曾經被愉悅與溫柔所充……

幸福洋溢，從來就不是偶然與巧合；事情發生的當下，仍能微笑以對，是因為你的心日日浸淫在轉化中……

不管你有宗教信仰與否，你應該也會關心

一定程度的痛苦，有助於個人心靈成長？

如何將不治之症當做個人成長的踏腳石？我們的家人朋友如何能他們所承受的痛苦化為力量？

我們經常目睹好人受苦？惡人卻享盡各種利益？受人賞識？如何能夠相信每天良善積極的生活的利益呢？

一個人如何能夠在合法權利與道德價值之間取得平衡？

為什麼人類皆以宗教之名行征戰之實？

以慈悲對待那些持續傷害你的人是可行的或明智的？

在與人爭執後，如何克服己對他錯的感受，當他人惡意中傷你之後，如何忘卻心中的不悅？有減輕憤怒的簡單技巧嗎？

把心境從負面轉化為正面的初期階段，我們應該如何應付心中的懷疑和不安？

我不明白，為什麼執著引起痛苦？因為我從執著中獲得力量，當我心煩意亂時更是如此！

書系｜善知識系列
書號｜JB0005
定價｜230元

與生命相約

Cultivating the Mind of Love
The Heart of Understanding
Our Appointment with Life

作者｜一行禪師｜Thich Nhat Hanh
譯者｜明潔、明堯

……回過頭來看看本書的〈初戀三摩地〉，也許領受的就自然不同，一個二十四歲的比丘與二十歲比丘尼的愛，就再也不一定是驚世駭俗、難以接受之事。它只不過像我們生命中許多的所愛所惡般，攀緣的是如此自然，如此不自覺地就來到。

但可貴的是人有觀照的能力，真正的行者所以異與凡夫的不同就在於此。於是，這無明之愛由何而生？它是常或無常？有沒有可能完全禁閉？它的出現是純然？是考驗？還是墮落？就這樣覺性一起，戀愛竟就是道人最貼近、最屨痕斑斑的生命功課，過不過得了這一關，也就決定了……

——宗門行者 林谷芳

他教導我們如何深觀事物的本質，透過諦觀，我們會發覺到一切事物沒有獨立存在的自性，包括人都一樣，沒有陽光、雨露、大地的溫潤滋養，沒有其他眾生的幫助，人不可能存活於世間，這就是他所強調「互即互入」、《華嚴經》中所謂圓融無礙的道理，也正是佛法中所謂的「空性」。

他不說佛法中一些深奧的理論，反而是透過個人的體悟，將佛法深入淺出的闡釋出來，在他的說明中，佛法是簡單而易行的，沒有高妙深奧難解處，一切只在生活日用中，只在當下的覺念中。

——陳琴富（《中時晚報》執行副總編輯）

書系｜善知識系列
書號｜JB0006
定價｜240元

森林中的法語
一位證悟者的見道歷程
Being Dharma

作者｜阿姜查｜Ajahn Chah｜
英文編譯譯｜保羅‧布里特｜Paul Breiter
譯者｜賴隆彥

法，是什麼嗎？

我們所追求的法──戒律與教導，是幫助我們了解的工具。教導是語言，法並不存在於語言中。語言是一條道路，為人們指出方向，引導心去認識與了解法。

到哪裡尋求佛法？

無論前往一間寺廟，或再往其它寺廟尋找，或到森林行腳與參訪，它都一直在那裡。法，就在你自身之內──就在你的身上。

禪定時，有不尋常的經驗？

不要懷疑修行中發生的這些事情，無論是飛到天上，或是沈入地下，或是好像快死了，都別在意。只要直視你內心的狀態，並保持覺知，這就夠了，你會在那裡找到支撐。於一切行、住、坐、臥的姿勢中，都保持正念正知，不執著任何出現的經驗。

你真的見法了嗎？

如果真的皈依佛，我們就必須見佛、見法與見僧。否則就只是念誦皈依文而已，無法真的了解佛。我們離他近嗎？或者離他很遠？什麼是法？什麼是僧？我們請求他們的救助與保護，但是我們接近過它們嗎？我們了解它們是什麼嗎？我們雖然以身體與嘴巴請求，但是我們的心卻不在那裡。

拼命努力，就能證法嗎？

刻意追求放下，則永遠放不下，無論嘗試多久，都辦不到。但是，在那一刻，當阿難決定停下來休息時，他放棄追求成就，只是用已經建立起來的正念進行休息，心一放下，他就看見並覺悟了。他不需要做什麼特別的事，之前他一直希望有事發生，但是都沒有用。沒有機會休息，就沒有機會證悟。

書系｜善知識系列
書號｜JB0007
定價｜320元

你可以不生氣

Anger: Wisdom for Cooling the Flames

作者｜一行禪師｜Thich Nhat Hanh
譯者｜游欣慈
暢銷韓國300,000冊　　美國單週銷售100,000冊
13個國家譯本　　　　Amazon網路書店2001年暢銷書

把憤怒當做自己的孩子

　　當憤怒生起時，表示我們的感情已受到傷害。我們必須清楚的是，憤怒就是我們自己。一行禪師提醒我們，把憤怒當作自己的孩子，好好地擁抱他、照顧他。受傷的孩子只要得到好的照料，很快就可以復原了。

── 游祥州（世界佛教友誼會執行理事）

轉化為正面能量

　　通常我們處理負面的情緒都是採取抗拒或是逃避的方式，對於生氣、恐懼、乃至於失戀或是病痛，莫不是如此。但是抗拒只會帶來更大的創傷和痛苦，而逃避也無法真正解決問題，終究還是必須面對。一行禪師採取的是一種「轉化」的藝術，把內心負面的能量轉化成正面的能量。然而「轉化」必須透過禪修的實証和體會，才有能力在面對境界時泰然處之。

── 陳琴富（《中時晚報》執行副總編輯）

烽火傷痛中走出一段傳奇

　　六〇年代的一行禪師，還是年輕的禪宗和尚，卻已在時局考驗下，必須在「清修／走入社會」中做抉擇……組織上萬名出家人及在家人，成立草根性質的「青年服務隊」，盡力協助被轟炸的村落、建立學校和醫護中心、安置無家可歸的家庭和組織農耕隊……

　　是何等心腸，才能容納如許傷痛和戰火離亂，而不生瞋恨？一行禪師竟在命若懸餘的災厄處境中，鍥而不捨地倡導不抵抗主義與和平共存……

── 奚淞

書系｜善知識系列
書號｜JB0009
定價｜230元

善知識系列 JB0011	你可以不怕死
作　　　者	一行禪師（Thich Nhat Hanh）
譯　　　者	胡因夢
封 面 設 計	A⁺design
內 頁 版 型	A⁺design
總　編　輯	張嘉芳
編　　　輯	劉昱伶
業　　　務	顏宏紋
出　　　版	橡樹林文化 城邦文化事業股份有限公司 104台北市中山區民生東路二段141號5樓 電話：(02)25007696　傳眞：(02)25001951
發　　　行	英屬蓋曼群島商家庭傳媒股份有限公司城邦分公司 104台北市中山區民生東路二段141號5樓 客服服務專線：（02）25007718；（02）25001991 24小時傳眞專線：（02）25001990；（02）25001991 服務時間：週一至週五上午09:30-12:00；下午13:30-17:00 劃撥帳號：19863813；戶名：書虫股份有限公司 讀者服務信箱：service@readingclub.com.tw
香港發行所	城邦（香港）出版集團有限公司 香港灣仔駱克道193號東超商業中心1樓 電話：（852）25086231傳眞：（852）25789337 Email：hkcite@biznetvigator.com
馬新發行所	城邦（馬新）出版集團【Cité(M) Sdn.Bhd. (458372 U) 41, Jalan Radin Anum, Bandar Baru Sri Petaling, 57000 Kuala Lumpur, Malaysia. 電話：(603)90563833　傳眞：(603)90576622 Email：service@cite.my
印　　　刷	中原造像股份有限公司
初 版 1 刷	2003年6月
初 版 21 刷	2023年4月
	ISBN 986-7884-16-7
定　　　價	250元

版權所有‧翻印必究（Printed in Taiwan）
缺頁或破損請寄回更換

國家圖書館出版品預行編目資料

你可以不怕死／一行禪師（Thich Nhat Hanh）著；
　胡因夢譯. --　初版, --臺北市：橡樹林文化出
版；城邦文化發行，2003〔民92〕
　　面；　公分. --（善知識系列：11）
　譯自：No death, no fear: comforting wisdom for life
　ISBN 986-7884-16-7（平裝）

　1.佛教─修持

225.7　　　　　　　　　　　　　　92007552